사회자본과
청소년 팬덤문화

사회자본과 청소년 팬덤문화

초판 1쇄 펴낸날 | 2021년 4월 8일

지은이 | 나재은
펴낸이 | 류수노
펴낸곳 | (사)한국방송통신대학교출판문화원
　　　　03088 서울특별시 종로구 이화장길 54
　　　　대표전화 1644-1232
　　　　팩스 02-741-4570
　　　　홈페이지 http://press.knou.ac.kr
　　　　등록 1982년 6월 7일 제1-491호

출판위원장 | 이기재
편집 | 신경진
디자인 | 티디디자인

ISBN 978-89-20-04004-7 04080

값 7,900원

아로리총서 : 문화와 트렌드 −8

사회자본과 청소년 팬덤문화

나 재 은

지식의날개

이 책의 첫 페이지를 펴는 순간 남모르게 동경했던 스타가 떠올랐는가. 누구나 좋아하는 스타 한 명쯤은 마음속에 품고 있다. 나는 초등학교 3학년 때 SES를 시작으로 god, 동방신기 등 많은 연예인에 관심이 있었고 좋아했다. 연예인을 좋아하면 문제아라는 어른들의 편견에 무조건 순응해서 어느 한 연예인의 팬클럽에 가입하여 적극적으로 팬덤활동을 하지는 못했다. 일명 '소극적 관망형'으로 집에서 TV를 보며 응원하고 CD를 사서 매일 듣는 정도였다. 팬들이 그렇게 싫어한다는 '잡팬'의 역할을 자처하면서 어린 시절을 보냈다. 그리고 중고등학교 시기에는 연예인과 거리를 두고 지내다가 청소년상담 분야를 공부하면서 다시 연예인에 관심을 갖게 되었다.

유명한 TV 프로그램인 〈문제적 남자〉를 보던 중 당시 수능 만점자라는 한 남학생을 보았다. 뜻밖에도 남학생은 어떤 아이돌의 팬이었고 그 아이돌의 힘으로 공부를 열심히 하게 되었다고 고백했다. 이 지점에서 내가 팬덤활동에 관심을 갖고 생각을 전환하게 되었다. 옛날 어른들이 문제아들만 좋아한다는 연예인을 좋아하는 학생이 수능 만점자였다는 사실은 흥미로우면서도 호기심을 불러일으켰다. 그 뒤로 연예인을 좋아한다는 (TV 속, 그리고 주변) 사람들을 눈여겨보았다. 그들은 연예인을 좋아하다가 자신이 연예인이 되기도 했고, 수능 만점자로 명문대에 입학하기도 했고, 열정적으로 일해서 대기업에 입사하기도 했다. 나는 그들을 눈여겨보다가 공통점을 하나 발견했다. 그들에게는 보통 사람에게 없는 특유의 '열정'과 '친화력'이 있었다. 돈 한 푼 못 벌어도 그것이 좋으면 한번에 완전히 몰입하는 '열정', 그리고 모르는 사람과도 쉽게 친해질 수 있는 '친화력'. 그 뒤로 나는 팬덤활동에 더욱 관심을 갖게 되었다. 그리고 팬덤활동에 대한 옛 어른들과 나의 고정관념을 깨뜨릴 이론적 배경을 찾기 시작했다. 다양한 이론 중에서 사회자본이 나의 눈길을 가장 많이 사로잡았다. 사람들이 '네트워크'라고 알고 있는 바로 그 사회자본이 현재 청소년의 팬덤문화를 가장 잘 설명하는 이론이 될 수 있지 않을까 고심했다. 내 전공은 원래 소비자아동학과 상담심리학이지만 사회자본은 사회학에 더 가까운 이론이다. 세 분야의 연관성에 대해 지금보다 훨씬 더 많은 연구가 필요하겠지만 이들은 모두 관계를 설명하고 관계를 중요시한다는 공통점이 있다.

이 책에서는 청소년 팬덤문화와 사회자본의 관계를 살펴본다. 사회자본은 현재 만능으로 여겨지고 있으나 여기서는 교육에 사회자본을 적용시킨 초기 이론을 바탕으로 팬덤문화를 바라볼 것이다. 따라서 다음 장부터는 사회자본, 팬덤문화에 대한 이론적 배경을 살펴본다. 그리고 사회자본으로서 청소년 팬덤문화를 논의하면서 팬덤문화에 대해 새로운 시각을 제시한 후 청소년의 팬덤문화를 심리학, 교육학, 사회학적 관점으로 바라보면서 과거부터 현재까지 팬덤문화에 대한 관점을 종합할 것이다. 책의 본문에 청소년기 팬덤활동 경험이 있는 대학생 A와 B, C의 인터뷰 내용을 일부 넣어 좀 더 실제적인 이야기를 전하려고 했고 인터뷰 전체 내용은 부록에 수록했다. 인터뷰에 참여한 대학생 A와 B는 그룹 빅뱅과 엑소를 좋아했고, 대학생 C는 그룹 샤이니의 오랜 팬이었다. 첫 장부터 순서대로 읽어도 되겠지만, 가장 끌리는 장부터 먼저 읽어 보는 것도 좋겠다. 또한 각 장의 내용을 고찰할 수 있도록 장 끝 부분에는 생각거리를 제시해 두었으니 독자들 각자의 몫으로 남긴다. 본문 끝에는 팬덤 관련 용어를 정리하여 수록했으니 새로운 용어나 줄임말 등을 참고하면 좋을 것이다.

내가 많은 노력을 기울여 정보를 수집하고 글을 씀에도 이 책의 내용이 충분하지 않을지도 모른다. 어떤 이에게는 말도 안 되는 이야기일 수도 있고, 또 어떤 이에게는 설명이 너무 빈약하다고도 느껴질 수 있다. 그럼에도 이 책을 세상에 내놓는 이유는 독자들이 청소년의 팬덤문화에 조금 더 관심을 갖고 더욱 풍부한 주제로 논의하기를 바라는 마음에서다. 이 책이 청소년의 팬덤문화를 논의하고 활성화하는 데 도움이 됐으면 하는 마음이다.

chapter 3

사회자본과 청소년 팬덤문화

chapter 4

청소년 팬덤문화의 이해

부록

chapter 1

사회자본

사회자본

나에게 혼자 파라다이스에서 살게 하는 것보다

더 큰 형벌은 없을 것이다.

– 괴테

인터넷을 통해 실제로 한번도 대면한 적 없던 사람들과 관계를 맺는 시대가 되었다. 국적, 인종, 나이, 직업 등이 전혀 다른 사람들이 내 SNS에 들어와 팔로잉을 하고 내가 올린 사진과 글에 '좋아요'를 누르고 댓글을 쓴다. 우리는 이런 현상을 '네트워크'라는 단어로 표현한다. 요즘 누구나 다 아는 단어인 '네트워크'가 세상에서 당연시되기 전에 '사회자본'이라는 단어로 사회현상과 교육 장면을 분석하려고 노력한 이들이 있었다. 이 장에서는 사회자본의 역사와 개념, 구성요소에 대해서 알아본다.

1. 사회자본의 역사

사회자본은 원래 사회학 이론에서 출발했다. 사회자본의 개념

정립과 대중화에 기여한 학자로 부르디외, 콜먼, 퍼트넘을 꼽는다. 부르디외(Bourdieu)는 사회자본에 대한 본격적인 논의를 시작했고, 콜먼(Coleman)이 사회자본의 개념을 정립했다. 그리고 퍼트넘(Putnam) 이후 사회자본에 대한 연구가 활발하게 이루어졌다. 사회자본에 대한 연구는 크게 미시적 접근과 거시적 접근으로 구분된다. 사회자본에 대한 미시적 접근은 주로 개인이나 집단이 형성하는 관계의 패턴에 대해 논의한다. 반면 거시적 접근은 사회자본을 역사적 맥락에서 해석하는 방법을 논의한다. 부르디외와 콜먼은 주로 미시적 연구를 했고, 퍼트넘은 주로 거시적 연구를 했다고 볼 수 있다.

부르디외와 콜먼은 사회자본의 개념을 체계화하고 대중화했다. 부르디외(1986)는 자본이 경제자본, 문화자본, 사회자본의 3가지 형태를 가진다고 주장했다. 사회자본과 문화자본이 경제자본으로 재생산되는 과정을 설명했으며 그것을 비판적인 시각으로 접근했다. 부르디외는 '상호 간 면식과 인정이 다소간 제도화된 관계들의 지속적인 네트워크의 소유에 연계된 자원의 총합'이라는 말로 사회자본을 설명했다. 집단의 구성원이 된 개인이 얻을 수 있는 자본의 양은 집단의 결속력, 연결망의 크기, 연결망이 소유한 자본의 양에 따라 결정된다.

이후 콜먼(1988)이 사회자본에 대한 개념을 정립했다. 사회자본이 사회구조적으로 구성되며, 구조에 속한 개인이나 집단은 사회자본에 의해 어떤 행위를 하도록 유도된다고 설명했다. 콜먼은 사회자본을 정의할 때 '신뢰'라는 개념을 중요시했고 이 '신뢰'라는 개념을 바탕으로 사회자본을 구성하는 요소가 '상호 신뢰에 기반하여 존재하는 의무와 기대, 정보유통능력, 규범'이라고 설명했다. 콜먼은 개인이 사회자본을 통해 얻을 수 있는 이익에 집중했지만, 사회자본이 외부에 영향을 미칠 수도 있다는 사실 역시 주장했다.

퍼트넘(1993)은 보다 거시적 차원에서 사회자본을 설명했다. 퍼트넘에 따르면 사회자본은 '연결망, 규범, 신뢰와 같이 상호 이익을 위한 협력과 조정을 용이하게 하는 사회조직의 특성'이다. 그는 여러 지역이 통치에서 차이를 보이는 이유가 사회자본 때문이라고 주장했다. 시민 공동체를 바탕으로 한 시민 참여가 통치의 질적 수준을 높일 수 있다는 것이다. 퍼트넘은 시민 참여를 통해 여러 가지 집합의 문제를 해결할 수 있다고 보았다.

부르디외, 콜먼, 퍼트넘 이후 사회자본에 대한 연구가 활발하게 이루어졌다. 사회자본에 대한 정의는 학자마다 조금씩 다른 것을 볼 수 있다. 어떤 학자는 사회자본의 개인적 측면에 집중하고, 또 다른 학자는 사회자본의 집단적 측면에 보다 집중해서 사회자본을 정의했다. 그러나 그들은 '사회자본이 사회를 구성하는 행위자들의 관계에서 존재하며, 사회자본은 행위자들이 공동의 목표를 달성하는 데 도움을 주는 자원'이라는 점을 공통적으로 주장했다.

사회자본의 개인적 차원에 보다 집중한 학자들은 개인이 이익을 얻기 위해서 관계에 어떻게 투자를 하며 네트워크 내부의 자원을 어떻게 활용하는지에 초점을 맞추었다. 반면 사회자본의 집단적 측면에 집중한 학자들은 사회자본의 공적이익에 보다 초점을 맞춰 설명하는 경향이 있다. 다음에서는 사회자본의 개념을 정립하고 그에 대한 연구를 활발히 하는 데 기여했다고 알려진 세 인물이 사회자본을 어떻게 설명했는지 살펴본다.

2. 사회자본의 개념

(1) 부르디외

● 피에르 부르디에Pierre Bourdieu / 1930~2002

프랑스의 사회학자로, 피레네자틀랑티크주에서 태어나 파리에서 사망했다. 파리의 루이 르 그랑 고등학교와 고등사범학교 등에서 공부했고, 알제리 대학교, 파리 사회과학대학원 등에서 재직했다. 부르디에는 《구별짓기》라는 저서를 통해 상징적 폭력에 대해서 논의했다. 그가 제창한 '아비투스'라는 개념은 현재까지도 많이 인용되고 있다.

부르디외에 따르면 '자본'은 물질적 형태나 몸과 일체화된 형태로 축적된 노동이다. 자본은 상호 전환될 수 있는 세 가지 모습인 경제자본, 문화자본, 사회자본으로 나타난다. 경제자본은 직접적으로 즉시 돈으로 전환될 수 있는 재산권의 형태로 제도화된 형태이며, 문화자본은 교육적 성취의 형태로 제도화된다. 사회자본은 일정한 조건을 갖추면 경제자본으로 전환되며 사회적 의무로 구성되어 있고 신분적 호칭과 같은 형태로 제도화되어 있다. 부르디외는 경제자본뿐만 아니라 다른 형태의 자본을 고려해야 사회의 구조와 기능을 설명할 수 있다고 주장했다.

부르디외가 정의하는 사회자본은 '상호 간 면식과 인정이 다소 간 제도화된 관계들의 지속적인 네트워크의 소유에 연계된 자원의 총합'이다. 여기서 자원은 실제적일 수도 있고 잠재적일 수도 있다. 부르디외는 사회자본이 구성원에게 구성원에 대한 '신용장'을 제공해 주며, 이 관계들은 공통의 명칭을 사용함으로써 사회적으로 보증된다. 개인이 소유한 사회자본의 양은 자신이 동원할 수 있는 네트워크의 크기와 연결된 사람들이 소유한 자본의 양에 달려 있다고 주장했다.

사회자본을 획득하기 위해서는 일정한 사교행위가 필요하다. 따라서 사회자본은 어떤 개인이나 집단이 유용한 사회관계를 획득하거나 재생산하기 위한 일종의 투자전략의 결과이다. 경제자본과 다른 자본은 상호 전환될 수 있으나, 경제자본이 사회자본으로 전환되려면 일정 수준의 노력이 필요하다. 이 노력은 장기적으로 노력한 개인이나 집단에게 어떤 이익을 안겨 준다. 사회자본이 형성되어 '갚아야 한다'는 '마음의 부채'로 변하기까지는 어느 정도 시간이 지나야 하며, 이 '마음의 부채'를 갚지 않을 위험성을 항상 내포한다.

(2) 콜먼

● **제임스 콜먼James Coleman / 1926~1995**

미국의 사회학자로 인디애나 베드포드에서 태어나 일리노이 시카고에서 사망했다.

퍼듀대학교와 컬럼비아 대학교에서 공부했으며, 스탠포드 대학교, 시카고 대학교, 존스홉킨스 대학교 등에서 재직했다. 《콜먼 보고서》라는 그의 연구 저서는 교육사회학 분야에서 널리 인용되고 있으며, 교육이론을 변화시키고, 국가 교육 정책을 재편하는 데 도움을 주었다. 그가 정립한 사회자본의 개념은 현재 여러 학문 분야에서 널리 응용되고 있다.

콜먼은 사회적 행위를 사회학적인 입장과 경제학적인 입장으로 구분한다. 사회학적인 입장은 사회적 행위가 사회적 맥락 속에서 규범, 규칙, 의무에 지배받는다는 점을 강조한다. 반면 경제학적 입장에서는 사회적 행위가 사회적 맥락에서 벗어나 자신의 이기적 이해관계에 따라 효용극대화를 합리적으로 추구한다는 점을 강조한다. 콜먼은 사회학적인 입장과 경제학적인 입장을 절충해서 합리적 행위의 과정에 사회적 맥락의 요소를 접목시키고자 사회자본이라는 개념을 도입했다.

특정 자원을 이용해서 이해를 추구하는 합리적 행위자인 개인에게 사회자본은 이들이 이용할 수 있는 특수한 형태의 자원이다. 즉, 사회자본은 행위자들 간 '관계'에 내재되어 있는 특수한 자본이다. 콜먼(1988)에 따르면 사회자본은 '하나의 실체가 아니라 두 가지 요소를 공통으로 가진 다양하고 서로 다른 실체들이다. 두 가지 요소란, 실체가 모두 어떤 사회구조로 이루어져 있을 것, 그리고 그 구조의 행위자의 특정한 행위를 조장하는 것이다. 사회자본은 생산적이며, 목표 달성을 보다 용이하게 하도록 도와준다.'

콜먼은 사회자본의 3요소로 '의무와 기대, 정보유통능력, 규범'을 제시했다. 첫 번째 요소인 의무와 기대는 상호 신뢰에 기반한다. '의무와 기대'란 사회관계에서 개인이 다른 개인에게 혜택을 제공하면 혜택을 제공받은 개인에게는 보답의 의무가 발생하고 제공한 개인에게는 상대방의 의무 이행에 대한 기대가 형성된다. 이때 제공한 개인은 신용장과 같은 사회자본을 소유한다. 이 사회자본은 의무 이행에 대한 사회적 환경의 신뢰성과 실제로 의무가 이행되는 정도에 의존한다.

두 번째 요소인 정보유통능력은 사회자본을 구성하는 또 다른 중요한 요소가 된다. 개인은 정보를 통해 어떤 행위를 수행하지만 유용한 정보를 획득하기 위해서는 비용이 들고 또 이렇게 획득한 정보가 항상 만족스럽지는 않다. 타인과의 관계를 통해 보다 유용한 정보를 얻을 수 있으며 이런 관계 역시 사회자본이 될 수 있다.

세 번째 요소인 규범은 구성원을 제재하는 수단이 된다. 구성원들은 사회관계에서 규범에 따라 어떤 행동을 하기도 하고 하지 않기도 한다. 가톨릭 학교에서 일탈을 제재하는 규범은 학생들이 보다 성실한 태도로 학업에 참여하도록 도와준다. 사회관계에서 규범은 개인의 이기심보다 공동의 목표를 위해 행동해야 한다는 것이며, 이는 사회문제를 해결하는 데 중요한 역할을 한다.

콜먼은 사회자본을 조장하는 데 폐쇄적인 사회구조와 자원결사체가 중요하다는 점을 강조했다. 폐쇄적인 사회에서는 일탈자에 대해 다른 구성원들이 제재를 가할 수 있어 규범을 형성하는 데 보다 용이하다. 또한 이런 사회에서는 사회적 신뢰의 형성도 유리한데, 그 이유는 어떤 개인이 의무를 저버리면 네트워크에서 나쁜 평판이 형성되어 집단적으로 제재를 가할 수도 있기 때문이다. 폐쇄적 사회에 속한 구성원은 의무를 이행하기 위해 노력하기 때문에 폐쇄적 사회는 신뢰를 형성하는 데 보다 유리한 환경이 된다.

그뿐만 아니라 집단의 구성원은 자원결사체를 통해 어떤 목표를 달성하기도 한다. 어떤 목적을 위해 결성된 조직은 구성원에게 필요한 도움을 제공할 수도 있으며 구성원은 조직을 통해 집단행동을 하기도 한다. 그리고 구성원은 하나의 조직만이 아니라 다른 조직에도 연계되어 있을 수 있고 이 경우 정보나 의무 같은 자원을 서로 다른 사회관계에서 활용할 수 있다.

콜먼이 주장한 사회자본의 구성요소

(3) 퍼트넘

● **로버트 퍼트넘Robert Putnam / 1941~현재**

미국의 정치학자이자 하버드 대학교 교수이다. 스와스모어 대학교와 옥스퍼드 대학교, 예일 대학교 등에서 공부했으며, 미시건 대학교 등에서 강의했다. 그는《나홀로 볼링*Bowling Alone: America's Declining Social Capital*》이라는 책으로 유명해졌으며, 현재 사회자본의 부활을 위해 노력하고 있다.

퍼트넘은 사회자본과 관련한 문제의 핵심은 '집단행동의 딜레마'라고 설명했다. 그에 따르면, 모든 사회활동에서 구성원이 협력하면 상호이익을 달성하게 되는데도 집단에서 이탈해서 구성원 자신이나 사회에 손실을 입힌다는 것이다. 이런 문제는 강제적으로 개입하여 해결할 수 있지만 강제력을 행사하는 방법은 비효율적이다. 따라서 강제력을 행사하기보다는 구성원이 자발적으로 상호 협력하도록 만들어야 하는데, 이런 요소가 바로 사회자본이다.

퍼트넘에 따르면 사회자본은 '협력적 행위를 통해 사회의 효율성을 증진시킬 수 있는 신뢰, 네트워크, 규범과 같은 사회조직의 특성들(Putnam, 1993)'이다. 퍼트넘은 사회자본을 개인들 사이의 연계라고도 설명했으며, 신뢰, 네트워크, 규범과 같은 요소는 구성원들 사이의 연계에서 발생한다(Putnam, 2000)고 보았다.

퍼트넘에 따르면 사회자본이 생기는 근원은 사회관계이며 사회관계를 통해 형성되는 구성원들 간의 의사소통과 교환관계의 네트워크가 사회자본 요소의 기본이다. 퍼트넘은 네트워크를 연계형과 결속형으로 구분했으며, 연계형 네트워크는 유대관계가 약한 사람들과의 연결망, 결속형 네트워크는 유대관계가 강한 사람들과의 연결망이라고 설명했다. 연계형 네트워크를 통해 광범위한 정체성과 호혜성을 생성할 수 있으며, 결속형 네트워크를 통해 집단 구성원 간의 동질성을 강화할 수 있다.

퍼트넘은 호혜성의 규범을 여러 가지 사회규범 중에서 가장 기본적인 것으로 간주했으며, 호혜성을 균형적인 호혜성과 일반화된 호혜성으로 나누었다. 균형적 호혜성은 등가물의 동시 교환을 의미하며, 일반화된 호혜성은 특정 시기에 동시적으로 보상을 받지는 못하거나 보상 가치가 다를 수 있는 지속적인 교환관계를 의미한다. 퍼트넘은 일반화된 호혜성을 통해 집단행동의 딜레마를 해소할 수 있다고 설명했다.

퍼트넘은 사회적 협력을 조장하는 요인으로 신뢰를 설명했다. 거래 시 신뢰 수준이 높으면 교환이 지속적으로 유지되고 상호 협력할 수 있다고 설명했다. 퍼트넘에 따르면 신뢰는 상대방의 성향 등을 이미 알고 있는 상태에서 자신이 원하는 것을 상대방도 선택할 것이라고 기대하기 때문에 형성된다. 신뢰를 '두터운 신뢰'와 '얇은 신뢰'로 나누고 두터운 신뢰는 오랜 기간 형성된 친밀하고 개인적인 관계에서의 신뢰를 의미하며, 얇은 신뢰란 잘 모르는 대상과의 신뢰를 의미한다고 설명했다. 퍼트넘에 따르면 얇은 신뢰가 두터운 신뢰보다 사회적으로 더 유용하다.

3. 사회자본의 구성요소

사회자본의 구성요소에 대해서는 다양한 관점이 있다. 어떤 학자는 '사회적 네트워크, 시민참여, 호혜성의 규범, 신뢰'를 사회자본의 구성요소로 보기도 하고, 다른 학자는 '신뢰, 호혜성의 규범, 연결망'을 사회자본의 구성요소로 보기도 한다. 이들 학자들은 사회자본의 구성요소로 '신뢰'의 중요성을 강조함에는 그다지 의견의 차이를 보이지 않는다. 콜먼이 이야기한 '의무와 기대' 역시 '신뢰'를 의미하며, 따라서 '신뢰'는 사회자본의 다른 구성요소보다 가장 우선시되는 요소라고 할 수 있다. 연결망은 다른 언어로 표현하면 네트워크이며, 따라서 사회자본의 구성요소로 '신뢰, 호혜성, 네트워크'가 포함된다는 것은 대다수의 연구자들 사이에서도 강조되고 있다.

(1) 신뢰

사회자본의 구성요소 중 가장 핵심으로 꼽히는 것은 '신뢰'이다. 콜먼(1988)도 신뢰를 사회자본의 핵심 요소로 정의했다. 신뢰란 '어떤 행위자가 자신의 행위에 영향을 미치는 다른 행위자를 감시하거나 통제할 수 없는 상황에서 다른 행위자나 행위집단이 특정한 행동을 할 것이라 판단하는 주관적 확률(Gambetta, 1988)'이다. 또 신뢰란 '어떤 행위자가 위험에도 불구하고 다른 행위자가 자신의 기대나 이해에 맞도록 행동할 것이라는 주관적 기대(박찬웅, 1999)'이다. 대부분 연구자들은 신뢰를 '긍정적 심리상태, 주관적 긍정적 기대, 취약성, 위험성, 감시나 통제의 부재'를 들어 설명하고 있다. 신뢰의 종류(Uslaner, 2002)에는 일반적인 사람을 대상으로 하는 보편적 신뢰, 가족이나 동료를 대상으로 하는 사적 신뢰가 있다.

(2) 호혜성

호혜성(reciprocity)은 다른 말로 상호성이라고도 하는데 사회적 교환관계와 행위규범의 기초이다. 다양한 형태의 모든 교환들(Sahlins, 1972)이라고도 하는데 교환할 수 있는 것에는 재화, 용역, 의무, 기대, 감정이 모두 포함된다. 또한 '선은 선으로 악은 악으로 되갚는 방식(Keohane, 1986)'이다. 호혜성은 상대방이 어떤 행위를 이미 했다는 조건성과 똑같지는 않더라도 비슷한 대략적인 등가성에 따른 교환이다. 이들 정의에 따르면 호혜성은 재화, 용역, 의무, 기대, 감정 등 모든 형태의 상호교환을 의미한다.

(3) 네트워크

네트워크(Social Network)란 개인이나 집단의 지속적인 연결망이다. 에머바이어와 굿윈(Emirbayer & Goodwin, 1994)에 따르면 네트워크란 '보다 큰 사회구조 내에서 행위자를 연결시키는 특수한 내용을 가진 사회적 관계들의 여러 가능한 집합체 중 하나'이다. 여기서 사회구조건 네트워크들의 네트워크를 의미하며, 특수한 내용이란 권력관계, 교환관계 등을 의미한다.

퍼트넘(2001)은 사회자본을 구성하는 요소의 핵심을 네트워크라고 주장했다. 네트워크는 경제적 자본, 인적 자본 못지않은 중요한 자본이 될 수 있음을 강조했다. 그는 호혜적인 사회관계가 밀집된 네트워크에 시민성이 자리한다면 더욱 큰 힘을 발휘할 것이라고 주장했다.

네트워크의 종류를 구분 지으려는 시도로 강한 네트워크와 약한 네트워크에 대한 논의가 시작되었다. '강한 네트워크'란 시간의 양, 감정의 깊이, 친밀함, 상호봉사가 많이 조합된 가족, 친구관계와 같은 관계이다. 반면, 지인은 이런 요소가 적게 조합된 '약한 네트워크'이다. 기존에는 '강한 네트워크', '폐쇄적인 네트워크'의 장점이 주로 부각되었다.

그러나 그라노베터(Granovetter, 1973)는 약한 네트워크의 중요성을 강조했다. 서로 유사한 사람들끼리 모여 형성된 강한 네트워크는 구성원끼리 소속감이 높고 매우 친밀하다. 그러나 A라는 강한 네트워크의 구성원 a와 B라는 강한 네트워크의 구성원 b가 관계를 맺는다면 이들의 관계는 약한 네트워크에 속하지만 일종의 '다리(bridge)'가 되어 이들로 인해 A와 B 두 집단은 연계가 이루어진다. 다리가 없는 경우 A 내부의 정보는 A에만 머물지만, 다리가 있는 경우 A의 정보는 B로도 건너갈 수 있다. 개인은 약한 네트워크를 많이 형성할수록 다양한 정보를 획득할 수 있어 적응하는 데 유리하다. 사회에 강한 네트워크 집단만 존재한다면 사회는 분절적이지만, 약한 네트워크를 통해 연결될 때 그 사회는 통합된다.

약한 네트워크가 개인에게 유용한 정보를 획득할 기회를 주고 이것이 사회통합에 긍정적인 영향을 미친다는 점을 그라노베터가 주장했다면, 콜먼은 거시적인 네트워크의 특성이 개인에게 영향을 미칠 수 있다는 점을 설명하면서 네트워크의 폐쇄성에 대해 설명했다. 콜먼(1988)은 신뢰나 규범을 형성할 수 있는 사회관계의 특성으로 폐쇄성(closure)을 언급했다. 폐쇄적인 네트워크는 강한 네트워크를 의미한다. 네트워크가 폐쇄적이면 구성원의 일탈을 제어할 수 있는 효과적인 규범을 형성할 수 있다. 또한 폐쇄적인 네트워크에서는 개방적인 네트워크보다 평판과 의무가 중요해진다. 폐쇄적인 네트워크의 구성원이 의무를 저버리면 네트워크 내에 나쁜 평판이 형성되고 집합적인 제재가 이루어질 수 있다. 따라서 구성원은 의무를 이행하기 위해 노력하

네트워크의 종류

학자	네트워크 종류	설명	예시
그라노베터	강한 네트워크	시간의 양, 감정의 깊이, 친밀함, 상호 봉사가 많이 조합된 관계	가족, 친구 관계 등
	약한 네트워크	시간의 양, 감정의 깊이, 친밀함, 상호 봉사가 적게 조합된 관계	아는 사람, 지인 등
콜먼	폐쇄적인 네트워크	강한 네트워크	가족, 친구 관계 등
	개방적인 네트워크	약한 네트워크	아는 사람, 지인 등
퍼트넘	결속형 네트워크	유대관계가 강한 사람들과의 연결망	가족, 친구 관계 등
	연계형 네트워크	유대관계가 약한 사람들과의 연결망	아는 사람, 지인 등

요소	정의
신뢰	• 어떤 행위자가 자신의 행위에 영향을 미치는 다른 행위자를 감시하거나 통제할 수 없는 상황에서 다른 행위자나 행위집단이 특정한 행동을 할 것이라 판단하는 주관적 확률(Gambetta, 1988) • 어떤 행위자가 위험에도 불구하고 다른 행위자가 자신의 기대나 이해에 맞도록 행동할 것이라는 주관적 기대(박찬웅, 1999)
호혜성	• 사회적 교환관계와 행위규범의 기초. 호혜성은 다양한 형태(재화, 용역, 의무, 기대, 감정)의 모든 교환들(Sahlins, 1972) • 선은 선으로 악은 악으로 되갚는 방식, 즉, 상대방이 어떤 행위를 이미 했다는 조건성과 똑같지는 않더라도 비슷한 대략적인 등가성에 따른 교환(Keohane, 1986)
네트워크	• 보다 큰 사회구조 내에서 행위자를 연결시키는 특수한 성격의 사회적 관계들의 여러 가능한 집합체 중 하나(Emirbayer & Goodwin, 1994)

고 이들 사이에 신뢰가 형성되기는 더 수월하다.

4. 사회자본과 21세기

21세기 사회자본은 어떤 모습인가. 이전까지 사회자본은 주로 혈연, 학연, 지연 등을 중심으로 하는 관계를 의미했다. 부모와의 관계, 친구와의 관계, 선생님과의 관계, 종교생활에서 만난 관계 등이 대표적인 사회자본이었다. 이들 관계를 중심으로 진학, 취업, 승진 등이 이루어지기도 했고, 낯선 타인들과 새로운 관계를 맺기도 했다.

그러나 지금은 초고속 인터넷이 보급되고 페이스북, 인스타그램, 트위터, 블로그 등 다양한 SNS가 널리 퍼져 있다. 우리는 원하기만 하면 순식간에 가입하고 전혀 모르던 낯선 사람들과 친구를 맺을 수 있다. 상대방이 몇 살인지, 남성인지, 여성인지, 어느 나라 사람인지, 어떤 일을 하는 사람인지에 상관없이 원하기만 하면 클릭 한 번으로 친구를 맺을 수 있는 시대가 되었다.

온라인 세계에서는 '성과', '획득', '사실'이 중요해지며 얼마나 어떻게 참여하느냐에 따라 사실적으로 보이는 전문성과 효율성, 효과성을 통해 커뮤니티 내에서 인정을 받는다(Fraser & Dutta, 2010). 오프라인 세계에서는 제도화된 '위치'에 따라 지위가 주어지고, 지위가 '할당'되며, '가치'에 따라 지위가 결정된다. 온라인 세계에서 관계는 오프라인 세계의 관계와 또 다른 성격인 것이다. 온라인 세계에서는 얼마나 주도적으로 참여하고 생산적인 역할을 담당하느냐에 따라 관계를 맺을 수 있는 양과 크기가 달라진다.

SNS를 통한 관계는 수평적이며 온라인에서 맺은 관계가 오프라인으로 이어지기도 한다. 이 관계는 과거에는 볼 수 없었던 새로운 형태의 사회자본으로 이제 이 사회자본을 어떻게 활용하는지가 문제의 핵심이 되었다. 네트워크의 활용은 미디어 리터러시 능력에 달려 있으며 SNS에 대한 개인의 리터러시를 높이는 것이 새로운 형태의 사회자본을 형성하고 확대하는 방법이 될 것이다.

사회자본을 연구하는 일부 학자들은 우리나라에서 현재 사회자본이 줄어들고 있다고 주장한다. 반면, 또 다른 학자들은 인터넷의 발달로 오히려 사회자본이 늘어났음을 주장한다. 이들은 어떤 이유로 사회자본이 줄어들거나 늘어나고 있다고 주장하는 것일까? 그리고 인터넷을 통해 형성된 관계가 항상 이점만 있는 것일까? 이런 관계의 문제점은 무엇일까?

사회자본이 줄어드느냐 늘어나느냐의 문제는 온라인으로 형성한 관계를 사회자본으로 볼 수 있느냐에 따라 달라진다. 사회자본을 예전처럼 오프라인으로 형성하는 관계로 주로 설명한다면 현재 사회자본이 줄었다는 주장은 타당하다. 사회자본을 연구하던 기존의 학자들은 부모와의 관계와 같은 가정 내 사회자본, 교사나 교우와의 관계와 같은 학교 내 사회자본, 종교로 형성하는 관계 등을 주로 사회자본으로 보았다. 예전에는 지금처럼 인터넷이 발달하지 않았기 때문에 오프라인으로 형성하는 관계들이 중요했고 그런 관계가 거의 대다수를 차지했다.

그러나 현재는 인터넷의 발달로 성별, 나이, 국적, 지위 등 배경에 상관없이 누구나 원하는 사람은 서로 관계를 맺을 수 있다. 페이스북이나 인스타그램과 같은 SNS를 통해 실제로 전혀 본 적이 없었던 새로운 사람과 원하면 언제든지 관계를 맺을 수 있는 것이다. 온라인으로 형성한 관계를 사회자본으로 본다면 현재 사회자본이 늘어났다는 주장은 타당하다.

그러나 온라인으로 형성한 관계는 오프라인과 달리 쉽게 형성하고 쉽게 끊어질 수 있다. 우리는 SNS를 통해 다양한 사람과 친구를 맺지만 원하면 단 몇 초 안에 친구 관계를 끊고 다시 서로 알지 못했던 상황으로 돌아갈 수 있다. 온라인으로 형성한 관계가 오프라인 관계처럼 지속적으로 유지되려면 오프라인으로 형성하는 관계 못지않은 진실함과 노력이 필요하지만 사실 우리는 온라인으로 관계를 맺을 때 여러 가지를 고려하지 않고 충분히 노력하지 않으려 한다. 기술이 점점 발달하면서 온라인으로 형성하는 관계는 점점 더 늘어나고 온라인으로 형성하는 관계에 의지하는 몇몇 개인은 오프라인으로 형성하는 관계를 불편해하고 피하려고 한다. 결국 사회자본이 줄어드느냐 늘어나느냐는 온라인으로 형성하는 관계를 사회자본으로 볼 수 있느냐의 문제이고, 만약 이 관계를 사회자본으로 본다면 온라인으로 형성하는 관계의 다양한 문제를 해결하려는 노력이 필요할 것이다.

참고문헌

김혜선(2014). 사회자본이 다문화 수용성에 미치는 영향. 서울대학교 행정대학원 석사학위논문.

류태건(2015). 사회자본의 구성요소와 효과에 관한 연구. 부경대학교 대학원 박사학위논문.

박찬웅(1999). 신뢰의 위기와 사회적 자본. 《사회비평》, 19, 33-64.

오욱환(2013). 《사회자본의 교육적 해석과 활용: 콜먼으로부터 그리고 그를 넘어서》. 교육과학사.

유석춘·장미혜·정병은·배영(2003). 《사회자본: 이론과 쟁점》. 그린.

조남억(2011). 청소년기의 페이스북 활용을 통한 사회적 자본 형성에 관한 연구. 《청소년학연구》, 18(5), 267-289.

Bourdieu, P.(1986). The forms of capital. in John G. Richardson(Ed.). *Handbook of Theory and Research for the Sociology of Education*. Greenwood Press.

Coleman, J. S.(1988). Social capital in the creation of human capital. *American Journal of Sociology, 94*, 95-120.

Emirbayer, M., & Goodwin, J.(1994). Network analysis, culture, and the problem of agency. *American Journal of Sociology, 99*(6), 1411-1454.

Gambetta, D.(1988). Mafia: the price of distrust. in Diego Gambetta, (Ed.). *Trust. Making and breaking cooperative relations*. Blackwell.

Granovetter, M.(1973). The strength of weak ties. *American Journal of Sociology, 78*(6), 1360-1380.

Keohane, R. O.(1986). Reciprocity in international relations. *International Organization, 40*, 1-27.

Fraser, M., & Dutta, S.(2010). *Throwing sheep in the boardroom: How online social networking will transform your life, work and world.* John Wiley & Sons.

Putnam, R. D.(1993). The prosperous community: Social capital and public life. *The American Prospect, 13*, 65−78.

Putnam, R. D.(1993). *Making Democracy Work: Civic Traditions in Modern Italy.* Princeton University Press.

Putnam, R. D.(2000). *Bowling Alone: The Collapse and Revival of American Community.* Simon & Schuster.

Putnam, R. D.(2001). Social capital: Measurement and consequences. *Canadian Journal of Policy Research, 2*(1), 41−51.

Sahlins, M.(1972). *Stone Age Economics.* Aldine−Atherton.

Uslaner, E. M.(2002). *The Moral Foundations of Trust.* Cambridge University Press.

chapter 2

팬덤문화

팬덤문화

행복에는 세 가지 조건이 있다.

첫째, 해야 할 일이 있고

둘째, 사랑하는 사람이 있으며

셋째, 희망이 있는 것이다.

– 임마누엘 칸트

한국 아이돌의 인기가 전 세계에서 뜨겁다. 아이돌을 좋아하고 그들을 응원하는 팬들의 열정도 더욱 뜨거워졌다. 예전에는 팬덤활동을 하는 청소년들은 주로 문제아이며 비주류 청소년이라고 생각했다. 그러나 팬덤활동을 잘하는 청소년들이 오히려 학교생활 적응을 더 잘한다는 최근의 연구를 보면 팬덤활동에 대해 이전과는 다른 시각을 갖게 된다. 이 장에서는 팬덤문화에 대해 알아본다.

1. 팬덤문화의 개념

팬덤(fandom)이라는 용어는 'fanatic(열광적으로 추종한다)'과 '-dom(집단적 증후군)'이 결합된 말이다. 즉, 어떤 대상에게 몰두한다는 뜻의 용어로 원래 사회적 병리 현상을 나타내는 용어였다. 존 피스크(John Fiske)가 '팬덤'이라는 용어를 사용하면서 '팬덤'은 청소년의 하위문화를 지칭하는 용어가 되었다(한국청소년개발원, 2005). 피스크는 적극적인 대중문화 수용자를 일반 수용자와 구분하려고 시도했다. 또한 팬덤을 통해 지배문화를 변화시킬 수 있다고 보았다.

팬덤은 팬이 모여 형성된 것이다. 팬은 스타에 대한 애정을 기반으로 모인 문화집단이다. 일반적인 대중과 달리 스스로 스타와 특별한 관계를 형성하는 사람을 팬이라고도 할 수 있다. 팬은 자신의 선호를 표현하는 생산적이고 조직적인 팬 커뮤니티 활동에 참여하는 적극적인 행위자(Jenkins, 1992)이다. 이들이 모인 팬덤은 수용자의 능동성을 대변하는 하위문화와 문화자본을 형성해 사회 권력을 창출해 나가는 수단(Hebdige, 1979)이다.

젠킨스(Jenkins, 1992)는 팬이 문화의 소비자이자 생산자라는 사실을 강조하며 이전의 연구들이 팬들을 그저 '수용자'로 인식하고 팬들이 생산하는 텍스트가 제한적이라는 시각에 대해 비판한다. 또 팬덤을 다양한 종류로 구분하고 팬덤의 종류에 따라 텍스트 해독과 문화적 실천 수준이 다르다고 주장했다. 젠슨(Jensen, 1992)은 팬덤을 무조건 병리적으로 보는 시각을 비판

하면서 팬덤이 중요한 사회문화적 현상을 보여 주고 있음을 주장했다. 이런 대중문화 연구들은 팬덤을 문화를 생산하는 주체로 재인식하고 있다.

팬덤에 대해 새로운 시각을 제시한 대표적인 연구자인 피스크는 팬덤이 문화자본이 될 수 있는 이유로 세 가지를 제시했다. 첫째, 팬덤활동을 통해 지배문화의 관행에 변화를 가할 수 있다. 둘째, 문화자본 생산에 영향을 미칠 수 있다. 셋째, 기존 지배문화로 세상을 이해하는 방법에 영향을 미칠 수 있다. 피스크는 이런 이유를 들어 팬덤이 지배문화에 대한 저항의 방식이자 조직의 가능성이 있는 새로운 현상임을 주장했다.

피스크는 팬덤의 특징을 세 가지로 설명했다. 피스크가 제시한 팬덤의 특징은 차별과 구별, 생산성과 참여, 자본 축적이다. 팬들은 팬덤 내부와 외부를 뚜렷하게 구분한다. 이런 차별이 사회적 구별의 지표가 된다. 팬들은 자신들이 어떤 특성을 가져야 스타의 진정한 팬이 될 수 있는지 논쟁하기도 한다. 차별은 팬덤의 내부와 외부를 구분하려는 전략이고, 구별은 팬덤 내부의 차이를 구별 짓는 전략이다. 즉, 팬들은 팬덤 내부와 외부를 구별 짓기도 하지만 팬덤 내부에서도 세대/성별에 따라 스스로를 질적으로 구분 짓기도 한다. 팬들은 스스로를 다른 팬들과 구별 짓기 위해 독특한 화장이나 헤어스타일을 하고 특이한 액세서리를 착용하기도 한다.

또한 팬들은 문화산업의 생산에 적극적으로 참여하여 새로운 대중문화를 생산하기도 한다. 피스크(Fiske, 1992)는 팬덤의 생산성을 기호학적 생산성, 언술적 생산성, 텍스트적 생산성으로 설명했다. 기호학적 생산성은 텍스트를 수용하면서 이루어지는 생산이다. 팬들이 스타의 노래나 춤 등에 담긴 어떤 기호에서 사회적 정체성과 사회적 체험의 의미를 생산하는 것이다. 언술적 생산성은 팬들이 스타에 대한 정보를 다른 팬들에게 제공하는 행위를 의미한다. 마지막으로 텍스트적 생산성은 팬들이 기존 텍스트를 변형시키거나 새로운 텍스트를 구성하는 것을 의미한다. 팬덤의 내부와 외부를 구별 짓고 '공식 문화자본'과 차별 짓기 위해 팬들 사이에서 배포되는 텍스트를 의미한다.

팬덤에서도 문화자본을 축적하는 데는 스타에 대한 정보를 축적하는 것이 기본이 된다. 스타에 대한 정보에는 신문기사의 수치적 자료, 스타의 사생활에 대한 기사 등 다양하다. 팬들은 스타에 대한 정보를 통해 정보를 소유한 팬 공동체가 없는 다른 사람들과 자신을 구분 짓는다. 팬들은 스타에 대한 정보를 통해 팬덤 내부와 외부뿐만 아니라 내부에서 자신과 다른 팬들을 구분 짓기도 한다. 사생팬*과 같이 스타에 대해 잘 알려지지 않는 정보를 소유한 팬들은 팬덤 내부에서 힘을 얻기도 한다. 팬들은 스타에 대한 지식뿐만 아니라 스타의 음반, 서적 등도 수집해서 문화자본을 축적한다. 이렇게 축적된 문화자본은 경제자본과 경계를 넘나들 수 있다.

---

* 사생팬은 스타에 대한 정보를 얻기 위해 스타의 사생활을 감시하거나 스토킹을 하는 등의 범죄행위를 저지른다. 스타를 좋아하는 마음이 진정이라면 지켜야 할 것은 지키는 성숙한 태도가 필요하다.

fandom
어떤 대상에게 열광적으로 몰두하는 것

=

fanatic
열광적으로 추종한다

+

-dom
집단적 증후군

팬덤의 정의

팬덤을 연구한 대표적인 학자

학자	팬덤에 대한 주장
Fiske(1992)	팬덤을 적극적인 대중문화 수용자와 일반 수용자로 구분하려고 시도. 팬덤을 통해 지배문화를 변화시킬 수 있다고 주장
Jenkins(1992)	팬은 자신의 선호를 표현하는 생산적이고 조직적인 팬 커뮤니티 활동에 참여하는 적극적인 행위자라고 주장
Jensen(1992)	팬덤을 무조건 병리적으로 보는 시각을 비판. 팬덤이 중요한 사회문화적 현상을 보여 주고 있음을 주장
Hebdige(1979)	팬덤은 수용자의 능동성을 대변하는 하위문화와 문화자본을 형성해 사회 권력을 창출해 나가는 수단이라고 주장

● 존 피스크John Fiske / 1939~현재

문화 연구자로 영국 케임브리지 대학교에서 공부한 후 미국 위스콘신 대학교 커뮤니케이션학과에서 교수로 재직했다. *Understanding Popular Culture* (1989), *Reading the Popular*(1989), *Television Culture*(1987) 등의 저서로 유명하며, 미디어 수용자의 능동성을 주장했다.

헨리 젠킨스Henry Jenkins / 1958~현재

미국의 언론학자이다. 조지아주 대학교, 아이오와 대학교와 위스콘신 매디슨 대학교에서 정치학, 언론학, 의사소통학을 공부했다. *By Any Media Necessary: The New Youth Activism*(2016), 《컨버전스 컬처*Convergence Culture: Where Old and New Media Collide*》(2006), *Textual Poachers: Television Fans and Participatory Culture*(1992) 등의 저서로 유명하며, 현재 남캘리포니아 대학교에서 교수로 재직하고 있다.

졸리 젠슨Joli Jensen / 1954~현재

미국의 커뮤니케이션 학자이다. 네브라스카 대학교, 일리노이 대학교에서 생물학과 심리학, 신경과학, 언론학, 미디어학을 공부했다. *Afterlife as Afterimage: posthumous reputation in popular music*(2005), *Fandom as Pathology: the consequences of characterization*(1992), *Redeeming Modernity: Contradictions in Media Criticism*(1990) 등으로 유명하며, 현재 터사 대학교에서 교수로 재직하고 있다.

딕 헤브디지Dick Hebdige / 1951~현재

영국의 문화 비평가이자 문화 이론가이다. 영국 버밍엄 대학교와 런던 대학교에서 예술과 문화를 공부했다. *Hiding in the Light: On images and Things* (1988), *Subculture: The Meaning of Style*(1979) 등의 저서로 유명하며, 현재 캘리포니아 대학교 산타바바라에서 예술과 미디어학을 가르치고 있다.

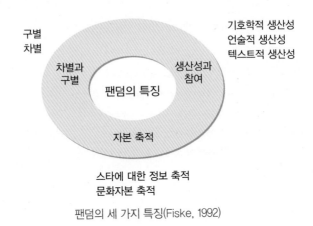

구별
차별

기호학적 생산성
언술적 생산성
텍스트적 생산성

차별과
구별

생산성과
참여

팬덤의 특징

자본 축적

스타에 대한 정보 축적
문화자본 축적

팬덤의 세 가지 특징(Fiske, 1992)

2. 팬덤문화의 유형

팬덤활동은 크게 오프라인 팬덤활동과 온라인 팬덤활동으로 구분된다. 오프라인 팬덤활동은 현장에서 직접 좋아하는 스타를 응원하는 것을 의미한다. 반면, 온라인 팬덤활동은 인터넷에서 이루어지는 팬 활동을 의미한다. 다음에서 오프라인 팬덤활동과 온라인 팬덤활동에 대해 알아보자.

(1) 오프라인 팬덤활동

오프라인 팬덤활동은 좋아하는 스타를 직접 만나기 위해 현장에서 활동하는 것을 말한다. 오프라인 팬덤활동의 종류에는 스타의 공연을 보거나 팬미팅에 참여하는 것처럼 한정된 시간과 장소 안에서 이루어지는 활동이 포함된다. 오프라인 팬덤활동은 온라인 팬덤활동보다 폐쇄적이지만 직접 현장에 참여하는 만큼 팬들끼리 강한 유대감을 형성하고 스타와 거리를 줄일 수 있다. 팬들은 오프라인 팬덤활동을 통해 스타나 다른 팬들과 교류하고 이런 경험은 팬들에게 다양한 영향을 미칠 수 있다. 시공간의 제약 없이 다양한 사람들이 참여할 수 있는 온라인 팬덤활동과 달리, 오프라인 팬덤활동은 정보 제공자가 포함된 집단에 포함되어 있어야 정보를 얻을 수 있다는 특징이 있다.

오프라인 팬덤활동은 직접 현장에 참여해야 하기 때문에 행사가 이루어지는 지역의 팬들이 참여하기가 좀 더 유리하고 타지역 팬들은 행사에 참여하기 위해 장시간 이동하면서 많은 비용을 들여야 한다.

팬들은 오프라인 팬덤활동을 통해 스타의 이름으로 봉사활동이나 기부를 하기도 한다. 오프라인 팬덤활동은 팬들에게 여러 가지 영향을 미칠 수 있는데, 팬덤활동을 하는 청소년의 경우 우울해지기도 하고 삶의 만족도가 낮아지기도 하며 학교 성적이 떨어지기도 한다. 반면, 또 다른 청소년은 팬덤활동을 통해 오히려 학교생활에 더 잘 적응하기도 한다.

다음은 청소년기에 팬덤활동 경험이 있는 대학생 A의 이야기이다[부록 인터뷰 자료 참고].

A: "친구들과 콘서트장이나 생일파티, 퇴근길도 같이 갔어요."

"5월 6일이 ○○ 생일인데 그즈음이 저희 부모님 결혼기념일이세요. 그때 ○○ 생일이라고 ○○ 보러 콘서트장이나 촬영장에 갔어요. 작년과 올해도 ○○ 보러 갔는데 부모님은 제가 덕질로 스트레스를 풀면 되었다고 이해해 주셨어요."

"팬클럽 연회비가 매년 3만 원 정도 해요. 연회비는 제 돈으로 충당했어요. 중학생 때는 틴탑 좋아했는데 그때는 팬사인회를 가고 싶으면 어머니가 앨범을 사라고 카드를 주셨어요. 작년에는 엑소 콘서트가 있었는데 양도를 받아야 했거든요. 그래서 어머니께 돈을 빌려주시면 나중에 현금으로 드리겠다고 말씀드렸는데, 어머니가 그냥 비용을 대주셔서 콘서트에 다녀왔어요. 제가 대학에 입학하기 전에 반수하고 재수했는데, 그때는 뭘 해도 스트레스를 많이 받았거든요. 그래서 어머니께서 제가 스트레스를 풀 수 있는 방법이 덕질이면 덕질을 하라고 하셔서 지금까지 계속 이어진 것 같아요."

"팬미팅이나 생일파티에 제일 많이 갔어요. 팬클럽에 가입하면 행사에 선예매를 할 수 있는 특권이 주어져서 행사에 다녀올 수 있었어요. 그렇게 오프라인으로 활동하지 않으면 인터넷 커뮤니티에서 또래 팬들 만나서 함께 어딜 가곤 했어요."

"저는 학생 때도 용돈을 받아서 덕질을 한 건 아니었어요. 그래서 덕질을 하는 데 그다지 망설임이 없었어요. 학생답지 않게 스타 관련 행사에 많이 따라갔어요. 음악방송이나 팬미팅, 콘서트, 팬사인회도 갔어요. 제가 다녔던 고등학교는 다른 학교보다 학습 분위기도 자유로운 편이고 또 친구들 중에 용돈을 넉넉히 받는 친구들이 있어서 같이 팬덤활동 하기가 편했어요. 중학생이나 고등학생 때 제가 다닌 학교는 대체로 덕질을 아끼지 않는 분위기였어요. 엑소가 빼빼로 광고를 했던 적이 있었는데 그때 빼빼로를 산 만큼 팬사인회 응모가 가능했어요. 제가 다녔던 학교에 어떤 친구가 빼빼로를 많이 주문해서 학교로 트럭이 온 적이 있었어요. 그 친구가 다른 친구들에게 빼빼로 먹고 싶으면 먹고 박스는 자기에게 달라고 했어요. 그래서 대단하다고 생각했어요. 그런데 결국 그 친구도 팬사인회에 가지는 못했어요. 학교 다닐 때 제 친구들은 열심히 덕질했어요. 그래서 친구들과 콘서트에도 자주 같이 갈 수 있었어요."

청소년의 경우 오프라인 팬덤활동에 참여하기가 어려울 수 있다. 주중에 학교생활을 하고 학교에 가지 않는 시간에는 주로 사교육 등을 받기 때문에 좋아하는 스타가 주최하는 행사에 직접 참여하기 어려울 수 있다. 팬덤활동의 부정적인 영향을 줄이고 학교생활과 잘 병행할 수 있도록 도와주기 위해 청소년이 학교생활을 잘하면 스타의 공연 티켓을 주는 방법을 활용할 수 있다.

(2) 온라인 팬덤활동

온라인 팬덤활동이란 인터넷을 통해 이루어지는 팬덤활동을 의미한다. 예전에는 오프라인 팬덤활동이 주로 이루어졌지만 인터넷이 발달하면서 온라인 팬덤활동이 점차 활발해졌다. 온라인 팬덤활동이 활성화되면서 세계 어디서든 좋아하는 스타의 소식을 듣고 공연을 관람할 수 있다. 특히 인스타그램, 페이스북, 트위터 같은 SNS와 유튜브 등이 널리 활용되면서 팬들은 좋아하는 스타와 스타를 좋아하는 다른 팬들과 교류할 수 있게 되었다.

온라인 팬덤활동은 오프라인으로는 팬이 되기 부담스러워했던 사람도 팬이 될 수 있는 환경을 제공했고, 이런 환경에서 팬들끼리 교류가 더 활발해졌다. 팬들은 SNS, 인터넷 게시판, 팬페이지, 스타의 공식 홈페이지 등을 통해 다른 팬들과 부담없이 소통하고 정보를 교환하면서 예전에는 볼 수 없었던 사회관계를 맺는다. 즉, 온라인 팬덤활동은 현대적인 의미의 사회자본이라고 볼 수 있는 관계를 맺는 데 도움을 준다. 인터넷 공간에서 팬들의 교류는 오프라인보다 수평적이며, 비용이 적게 들고, 의사교환이 보다 더 자유롭다는 특징이 있다.

다음은 청소년기에 팬덤활동 경험이 있는 대학생 A, B, C의 이야기이다[부록 인터뷰 자료 참고].

A: "스타채팅은 1대100 형식으로 채팅을 해요. 스타는 계속 얘기하고 화면 아래 채팅창에서 팬들이 채팅하는 거예요. 스타는 채팅창에 올라온 글을 읽고 답해 주거나 스타 본인이 하고 싶은 얘기를 계속하는 그런 형식이에요."

B: "빅뱅 좋아할 때는 트위터 같은 것이 없었어요. 대신 vip 존이라는 팬사이트가 유행했는데, 팬사이트에서 사진을 보거나 댓글을 달았었어요. 공카에도 댓글을 달았는데 공카는 별로 하지 않았어요. 빅뱅과 관련된 커뮤니티는 아닌데 여성들이 많이 하는 커뮤니티가 있었어요. 그곳에 빅뱅 팬들이 모여서 의견을 올리는 게시판이 있어서 거기서 활동을 했어요. 스타가 콘서트를 하면 이벤트도 많이 하는데 이벤트에 참여도 했고요. 예전에는 채팅 사이트에서 실시간 채팅도 했어요. 요즘에는 SM에서 만든 어플에서 채팅을 하는 걸로 알고 있어요. 요즘에는 1대1로 하는 채팅도 있다고 하더라고요. 예전에는 UFO 라디오라고 팬들이 거기에 문자를 보내면 스타가 랜덤으로 받는 형식이었어요. 여러 명의 팬들이 문자를 보낼 수 있었고 선택된 팬들은 답장을 받았어요. 주로 그런 활동을 했어요."

"고등학생 때까지는 온라인 커뮤니티 위주로 활동을 했어요. 대학생이 되고 나서는 다음 카페 안에 있는 커뮤니티에서 활동했고요. 그런데 커뮤니티 내에서 남자 아이돌 팬들을 그다지 좋게 생각하지 않는 분위기가 있었어요. 엑소나 방탄소년단이 인기가 많아서 팬들이 카페를 장악하는 분위기를 싫어하는 회원들이 있었던 거예요. 그래서 커뮤니티 안에서 팬덤활동을 하기가 눈치 보였어요. 2017년에서 2018년 사이에는 커뮤니티에서 나와서 주로 트위터 위주로 활동을 했어요. 트위터에서 저와 같은 스타를 좋아하는 팬들과 맞팔을 하고 교류를 했어요."

C: "옛날에 팬들끼리 교류하는 홈페이지가 있었는데, 한 2년 전에 홈페이지 운영비가 모자라서 없어졌어요. 지금은 SM에서 만든 리슨이라는 어플이 있는데, 그 어플에 샤이니 좋아하는 팬들이 모여서 글 올리고, 가끔 멤버들이 글 올리면 같이 보고 그런 정도로 팬 활동을 하고 있어요."

"중학생 때 블로그가 유행했는데 그때는 블로그 통해서 다른 팬들이랑 교류를 많이 했어요. 이웃도 맺고 쪽지도 주고받았고요. 샤이니 노래 부른 파일 있으면 서로 공유하고 그랬어요. 지금은 인스타그램을 하지만 해외 팬이 많아서 언어가 통하지 않아 다른 팬들과 활발하게 교류하지는 못하고 있어요."

팬덤활동의 유형

유형	특징
오프라인 팬덤활동	• 좋아하는 스타를 직접 만나기 위해 현장에서 활동하는 행동 • 시공간의 제약 • 많은 비용 • 제한된 참여자
온라인 팬덤활동	• 인터넷을 통해 이루어지는 팬덤활동 • 시공간의 제약이 없음 • 의사소통이 수평적이고 보다 자유로움 • 적은 비용 • 원하는 사람은 부담 없이 참여 가능

3. 시대별 팬덤문화의 모습

우리나라에서 팬덤의 역사는 오래되었다. 무성영화 시대의 변사, 1930년대 고복수, 1950년대 김진진 등의 인기와 그들을 추종하는 팬들은 오늘날 못지않았고 당시 팬들은 혈서까지 써가며 스타에게 애정을 표현했다. 이후 박정희 정권을 지나 1990년대에 들어서면서 우리나라에 다양한 변화가 있었고 팬덤문화는 이전보다 중요한 키워드가 되었다. 새롭고 도전적인 스타들이 잇달아 데뷔하며 큰 인기를 끌었고 스타들은 각자 노래, 드라마, 영화 등을 통해 전폭적인 지지를 해 주는 대규모의 팬들을 이끌었다. 2000년대에 들어서는 팬덤문화가 더욱 광범위해졌고 팬덤문화를 표현하는 용어도 세분화되었다. 이 시기 한류가 아시아 곳곳에서 인기를 끌면서 팬덤은 국내뿐만 아니라 중국, 일본, 동남아시아 지역까지 확장되었다. 2010년대에는 아이돌을 중심으로 팬덤이 형성되고 한류가 아시아를 넘어 유럽, 북미권까지 확장하면서 언어가 서로 다른 해외 팬덤이 스타들의 인기에 큰 영향을 주었다. 다음에서 1990년대부터 2010년대까지 팬덤문화가 어떻게 변화해 왔는지 좀 더 알아보자.

(1) 1990년대

1990년에 우리나라에는 다양한 사회경제적 변화가 있었다. 이 시기에 소비가 늘어나면서 팬덤문화는 이전보다 중요한 키워드가 되었다. 이 시기 우리나라 전체 인구 중에서 중고등학생이 차지하는 비율이 매우 높았으며, 이들은 이전 세대와는 다른 구매력을 가지고 있었다. 자신의 스타를 위하여 소비하는 것을 두려워하지 않았고, 자연스럽게 '오빠부대'가 탄생했다. 이 시기에도 여전히 팬덤문화에 대한 부정적인 인식이 팽배했고, 사회는 팬덤문화를 문제 현상으로 여겼다.

1990년대에는 연예인에 대한 애정뿐만 아니라 농구선수에 대한 애정도 많았다. 드라마의 영향으로 농구의 인기가 치솟았고, '농구 오빠부대'가 여기 저기서 나타났다. 소녀팬들은 오빠들을 위하여 밤낮을 가리지 않고 몰려들었다. 컴퓨터가 보급되기 시작하면서 팬들이 관리되기 시작했다. 천리안, 나우누리, 하이텔 등을 활용한 팬클럽 개설이 줄을 이었고 온라인 팬클럽은 급속도로 성장했다. 서태지와 아이들, 015B, 배우 김혜수 등이 온라인 게시판을 활용해서 팬들과 소통하기 시작했다. 이들은 게시판을 활용해서 자신에 대한 정보를 팬들에게 공개했고 팬들과 채팅을 하기도 했다. 소녀팬의 영향으로 드라마나 영화 등이 모두 십대를 겨냥해서 제작되었고, 소녀팬은 이에 반응하듯 좋아하는 가수들의 음반을 사들여 어떤 음반은 100만 장 이상 팔리기도 했다.

1990년대 후반에는 가수들 역시 10대에서 20대 초반 사이의 나이였으며, 이 시기 HOT, 젝스키스 등의 가수들이 큰 인기를 끌었다. 1990년대 초반에 서태지와 아이들과 같은 그룹을 대상으로 오빠부대를 형성했던 소녀팬들은 1990년대 후반에 들어서는 자신과 나이가 비슷한 스타를 보면서 자신의 모습을 들여다

보기 원했다. 이 시기 10대 가수가 증가한 이유 중 하나는 인터넷의 보급이었고, 덕분에 스타와 팬들의 쌍방향 소통이 가능해졌다.

1990년대 후반 들어 팬클럽을 전문으로 관리하는 업체들이 생겨났고, 이들은 팬클럽 회원에게 회비를 받고 다양한 서비스를 제공했다. 이런 전문업체가 생겨난 이유는 팬의 영향력이 이전보다 훨씬 커지고 팬을 구성하는 10대들의 구매력이 강해졌기 때문이었다.

1990년대 후반에 사생팬이 등장하면서 일부 스타들은 고통을 겪기도 했고, 팬클럽 회원들은 다른 스타의 팬클럽 회원들과 세력을 다투기도 했다. 이런 현상에는 각 방송사가 10대를 겨냥하여 프로그램을 구성하고 팬클럽을 이용하여 홍보하려고 했던 데도 이유가 있다. 팬들의 극성스러움 때문에 사생팬이 활동을 하고 팬들끼리 다투기도 하지만 그 원인을 묻자면 팬들뿐만 아니라 방송사나 기획사에도 책임이 있다는 것이다.

1990년대 말에 인터넷 사업이 급속도로 확장되면서 팬들은 스타와 마주칠 기회가 이전보다 훨씬 많아졌고, 팬들의 영향력이 이전보다 더욱 막강해졌다. 그러면서 스타들 역시 팬들의 눈치를 보는 입장이 되었고, 팬덤은 이전보다 문화의 소비자에서 생산자의 입장으로 변화했다.

(2) 2000년대

2000년대 들어 소녀팬들이었던 '오빠부대'는 '빠순이'로 부르게 되었는데, 스타에 열광하는 여성 팬을 비하하는 의미로 쓰였다. 언론에서는 '빠순이'의 행태를 언급하며 문제를 지적하곤 했다. 그러나 팬들의 극단적인 행동은 팬들만의 책임이라기보다는, 시청률을 올리기 위해 팬들을 이용하고 스타들의 이미지를 과대포장한 기획사와 방송사의 책임도 분명히 있었다. 2000년대 초반에 팬들은 '가요 순위 프로그램 폐지' 운동을 통해 프로그램의 불공정성을 고발했는데, 이처럼 팬들은 사회에 부정적인 영향뿐만 아니라 긍정적인 영향도 미치고 있었다.

이 시기 유행했던 단어 중 '폐인 문화'가 있다. 이 단어는 원래 어떤 한 가지 활동에 중독되어 사회생활에 지장을 받는 사람을 의미했다. 그런데 어떤 인터넷 커뮤니티에서 '폐인'을 특정한 것에 몰두하는 마니아를 의미하는 단어로 사용했다. 예를 들어 드라마 '다모'를 열렬히 좋아하는 '다모 폐인'들은 홈페이지에 시청 소감을 줄줄이 적어 그들의 의견을 제시했고, 한 회를 여러 번 반복해 보기도 하고, 하루 종일 다모 게시판에서 활동하기도 했다.

인터넷의 발달로 팬들의 연령대가 다양해졌고, '빠줌마'라는 단어가 새롭게 등장했다. '빠줌마'는 팬 활동을 하는 중년 여성을 비하하는 단어로 주로 사용되었는데, 이들은 10대 팬들과는 다르게 스타에 대해 마음에 들지 않는 점을 분명하게 밝히고 스타에 대한 바람을 제시했다. 중년 여성 팬들은 스타에게 어떤 문제가 생겼을 때 스타를 대신해 법적인 대응을 하기도 하고 자신의 경제력을 이용해 스타를 물심양면으로 지원하기도 했다.

2000년대 중반에는 '사모 문화'가 등장하면서 팬들의 참여 문화가 더욱 확대되었다. 팬들은 '사모(사랑하는 사람들의 모임) 문화'를 통해 자신의 목소리를 직접 내었고, 자신이 누구인지 알림과 동시에 타인의 반응을 알고 싶어 했다. 이 시기에는 정치인 사모가 매우 활발하게 운영되었고, 팬들은 그들의 스타를 열렬히 지지함과 동시에 반대하는 다른 스타의 팬들과는 격렬하게 싸우기도 했다. 이 시기에는 '안티 문화'와 '사생팬'의 활동도 활발해 일부 스타들이 여러 고충을 겪기도 했다. 2000년대 말에는 소녀시대, 원더걸스 등 걸그룹의 등장으로 '삼촌 부대'가 나타났고, 이들은 자신이 좋아하는 특정 멤버에게 무한한 애정을 쏟기도 했다.

이 시기 팬덤은 스타의 이미지 메이킹을 위해서 눈에 띄는 다양한 활동을 했는데, 스타를 위해 봉사활동이나 기부를 하는 팬들을 '개념팬'이라고 부르기도 했다.

(3) 2010년대

2000년대 아이돌의 인기에 힘입어 2010년대에 팬덤은 아이돌을 중심으로 형성되고 움직였다. 이 시기 앨범 판매량 상위권에는 아이돌이거나 아이돌 출신 가수가 대다수를 차지했고, 영향력이 있는 유명인 중에 아이돌을 빼놓을 수 없었다. 2000년대 말 인기를 끌었던 소녀시대와 원더걸스 등의 걸그룹이 엑소, 방탄소년단, 트와이스 등으로 교체되었고 그에 따라 아이돌의 인기가 절정에 달했다.

아이돌의 인기는 한국을 넘어 세계로 확장되었고 K-pop은

'2019년 한류실태조사'에서 1위를 차지했다. 특히 해외에서 그룹 방탄소년단의 인기가 치솟았고, SNS의 활성화가 아이돌의 인기를 확장하고 지속하는 데 큰 도움을 주었다. 한류가 세계적으로 확산되면서 글로벌 팬덤도 양산되었다.

이전에는 공식 팬클럽을 중심으로 팬들 사이에서도 위계가 있었다. 그러나 2010년대에는 SNS 등의 발달로 세계 어느 지역에 있는 팬들이든지 스타의 정보를 손쉽게 알아내고 공유하게 되었고 그 결과 팬들 사이의 관계도 보다 수평적으로 변했다.

팬덤문화가 더욱 다양해져 팬들은 스타의 음원 순위를 높이기 위해 특정 시간대에 스트리밍을 하는 '총공(총공격)'을 하기도 한다. 또한 스타의 생일이나 스타와 관련된 특별한 날에는 지하철 등에 스타를 위해 광고도 한다. '개념팬'의 덕목으로 여겨졌던 봉사활동과 기부가 2010년대에도 이어져 팬들은 스타의 이름으로 자발적인 기부를 하기도 했다.

2010년대 들어 아이돌의 인기가 곳곳에 퍼지면서 팬덤문화를 긍정적으로 바라보아야 한다는 시각이 늘어났다. 사회적 병리현상으로 보였던 팬덤문화는 어느새 개인이 문화생활의 주체가 되어 자신의 취향을 드러내는 하나의 문화가 되었다. 팬 문화가 이전보다 성숙해져 다른 스타의 팬들과의 다툼 등 부정적인 팬 문화도 보기 어려워졌다. 이제 팬들은 스타를 맹목적으로 추종하기보다는 스타가 잘못한 점을 따끔하게 지적하기도 하며 사회적으로 용납하기 어려운 큰 잘못을 저지른 스타에게는 공개적으로 퇴출을 요구하기도 한다.

팬들이 이전보다 성숙해지긴 했지만, 여전히 팬덤문화의 그림 자는 존재한다. 팬들은 스타와 만나기 위해 앨범을 100장이 넘게 구매하기도 하며, 공연에 가기 위해 심지어 고가의 암표를 구매하기도 한다. 그러나 이것은 팬들만의 잘못은 아니며 팬덤을 상업적으로 이용하는 기획사나 일부 관계자들의 문제이기도 하다. 전 세계적으로 높아지는 한국 스타들의 인기를 지속적으로 끌고 나가기 위해서는 팬들과 스타, 기획사, 방송사 등 관계자 모두의 노력이 필요하다.

시대별 팬덤문화 키워드

시대	키워드
1990년대	오빠 부대, 농구, 서태지와 아이들, 소녀팬, 10대팬
2000년대	빠순이, 폐인 문화, 빠줌마, 사모 문화, 안티 문화, 삼촌 부대, 개념팬
2010년대	한류, 취향, 문화, 총공, 기부

4. 구체적인 팬덤활동

팬들은 팬덤 내에서 다양한 방식으로 활동한다. 굿즈를 제작하고, 팬픽을 써서 독자를 끌어 모으며, 기부를 통해 스타의 이미지를 관리한다. 팬들은 다양한 활동을 하면서 다른 팬들과 교류하며 관계를 쌓으며, 경제적인 이익을 얻거나 자신의 진로를 찾아 나가기도 한다. 팬덤활동 사례 중 굿즈 제작과 팬픽, 기부에 대해서 알아보자.

(1) 굿즈 제작

'굿즈(Goods)'는 상품, 제품이란 뜻을 가진 영어 단어 'goods'에서 유래한 말이다. 굿즈는 스타와 관련되어 있고 스타의 이미지 등이 들어간 각종 물건을 의미하는데, 기획사에서 스타의 이미지를 활용하여 만드는 엽서, 야광봉 등 그 형태가 다양하다. 2000년대 이후 음반이나 음원만으로는 수익을 내기 어려운 기획사에서 스타의 이미지를 활용해서 다양한 상품을 제작해 판매하고 있다. 굿즈를 통한 수입이 음원을 통한 수입을 넘어서는 경우도 있으며, 굿즈는 팬덤과 밀접한 관련이 있는 용어로 자리 잡았다.

팬들은 굿즈를 통해 다른 팬들과 자신을 구별 짓기도 하고, 색깔이 있는 우비, 야광봉, 풍선 등으로 팬클럽의 다른 회원들과 함께 스타를 응원하기도 했다. 굿즈의 종류도 점점 다양해져 팬들이 스타와 관련된 특별한 날에 조공 목적으로 슬로건이나 야광봉 등을 직접 제작하기도 했다. 2000년대 넘어서 의류, 문구류, 생활용품 등 굿즈의 범위가 이전과 눈에 띄게 넓어졌으며 일부 기획사는 굿즈를 파는 상점을 직접 운영했다.

팬들은 스타를 직접 찍은 직찍이나 직캠을 활용하여 '사진첩'이나 'DVD'와 같은 굿즈를 직접 만들어 팔기도 하는데, 팬들이 직접 만드는 굿즈의 규모가 점점 커지고 있다. 굿즈의 종류에는 '공식 굿즈'와 '비공식 굿즈'가 있다. 공식 굿즈가 기획사에서 직접 제작하는 굿즈라면 비공식 굿즈는 팬들이 직접 제작해서 판매하고 공유하는 굿즈이다.

스타를 좋아하는 청소년 팬들이 직접 굿즈를 제작하는 목적은 다양하다. 청소년이 스스로의 정체성을 드러내기 위해, 자신이 원하는 굿즈를 갖고 싶어서, 팬덤에 소속되고 싶어서 등의 이유로 굿즈를 제작한다. 청소년 팬들은 굿즈를 통해 다른 스타의 팬들과 자신을 구별 짓고 소속한 팬클럽의 다른 팬들과는 결속력을 강화해 새로운 정체성을 찾고 싶어 한다.

이처럼 개인의 필요에 따라 굿즈를 제작하는 것뿐만 아니라 직접 만든 굿즈를 다른 팬들과 공유하는 행위에서 오는 기쁨이나 성취감을 느끼고 다른 팬들로부터 인정을 받고자 굿즈를 제작하기도 한다. 일부 청소년 팬들은 굿즈를 직접 만들어 파는 과정에서 경제적인 이익을 얻기도 하는데, 이것은 굿즈 제작이 다른 팬 활동들과 구별되는 점이다.

청소년 팬은 자발적이고 능동적인 욕구로 굿즈를 직접 제작하는 편이다. 따라서 굿즈를 만들어야겠다는 동기만 있다면 누구나 굿즈를 제작할 수 있다. 굿즈를 제작하기 위해서 SNS를 이용하고 다른 팬들과 소통하기도 하는데 그 과정에서 다른 팬들과 결속력이 더 강해질 수 있다. 이것은 자연스럽게 대인관계 능력의 향상으로 이어지며, 결국 청소년들의 사회성 발달에 긍정적인 영향을 미칠 수 있다.

팬들이 직접 제작하는 비공식 굿즈는 기획사에서 제작하는 굿즈보다 종류가 훨씬 다양하며 창의적이다. 기획사에서 제작하는 굿즈가 주로 풍선, 야광봉 정도로 한정되어 있다면 팬이 직접 제작하는 굿즈는 인형, 스티커, 손거울, 후드티, 콜드컵, 양말, 소주잔 등으로 종류가 다양한 편이다. 팬들은 굿즈를 제작하기 위해 스타와 관련된 다양한 콘텐츠를 활용하면서 자신의 개성을 드러낸다. 팬들은 굿즈를 제작하는 과정에서 여러 가지 문제를 경험하기도 하지만 다른 사람에게 도움이 될 수 있다는 생각에 보람을 느끼기도 한다.

(2) 팬픽

팬픽은 팬(fan)과 픽션(fiction)의 합성어인 팬픽션을 줄인 말로 팬들이 창작하는 픽션을 의미한다. 주로 팬들이 좋아하는 남성 아이돌 스타를 주인공으로 서사를 구성하는 아이돌 팬픽을 의미하며 스타에 대한 환상을 표현한다. 팬들은 팩픽을 통해 콘텐츠를 생산하고 소비하는데, 팬픽은 주로 여성 팬덤활동 중 하나로 여겨진다.

팬덤활동을 하는 팬의 세대가 다양해짐에 따라 팬픽 작가의 연령층도 다양해졌고, 서사가 구성되는 방식 또한 세련되게 변했다. 아이돌 팬픽은 팬들 사이에서 하나의 '문학'으로 통한다. 2000년대 초반에 팬픽에 대한 연구에서는 주로 소녀팬들의 팬픽을 통한 성적 판타지 구현이 다루어졌다. 그러나 2000년대 후반부터는 10대뿐만 아니라 20대, 30대 팬들에게도 아이돌 팬픽이 비중 있는 문화로 다루어졌다.

같은 스타를 좋아하는 팬들이라 할지라도 각각의 기대나 욕구는 다양하다. 어떤 팬들은 음악을 좋아하고 어떤 팬은 스타의 외모, 어떤 팬은 스타를 위한 영상 등을 제작하는 일을 좋아할 수 있다. 팬픽은 팬덤의 하위 장르로, 가장 널리 알려진 팬 창작활동에 속한다. 같은 스타를 대상으로 한 팬픽이라고 할지라도 동성애를 다룬 작품, 이성애를 다룬 작품, 모험이나 탐정을 다룬 작품 등 지류가 실로 다양하다. 팬픽에 따라 멤버들을 커플링하는 방식도 다양하며 팬픽의 독자들은 이런 다양한 팬픽 중에서 자신이 선호하는 팬픽을 중심으로 커뮤니티를 형성해서 활동하기도 한다.

팬픽 작가는 드라마나 영화를 패러디하여 팬픽을 구성하기도 하며, 스타를 주인공으로 이야기를 꾸며 새로운 스토리를 만들어 내기도 한다. 아이돌 팬픽은 주로 남성 아이돌 그룹 멤버를 커플링해서 성적 판타지를 구성하는 스토리가 주를 이룬다.

우리나라 최초의 팬픽으로 알려진 것은 1995년 일본 만화 〈우주전함 야마토〉를 패러디한 '우주전함 토마토'이다. 1994년에 방송된 미국 드라마 〈X파일〉은 팬픽 장르를 본격화시키는 계기를 마련했다. 인터넷이 보급되면서 팬픽을 주제로 커뮤니티가 만들어졌고 대중 연예인들이 인기를 끌면서 팬픽이 활기를 띠게 되었다.

아이돌 팬픽*은 1995년 남성 그룹 HOT 팬픽에서 시작되었다고 알려져 있다. 당시에는 주로 10대 팬들이 팬덤을 장악했기에 팬픽의 생산자도 주로 10대였으나 현재는 팬픽의 생산자와 소비

---

* 최근 아이돌 팬픽과 관련하여 지나친 묘사로 스타에 대한 명예훼손 등의 논쟁이 이어지고 있다. 작가들은 팬픽을 쓰면서 법적·윤리적으로 문제가 될 내용이 포함되지 않았는지 스스로 점검할 필요가 있다.

자 모두 연령층이 다양해졌다. 우리나라 팬픽에서 주류를 차지하는 것은 아이돌 팬픽으로, 이것은 주로 TV 드라마나 만화를 중심으로 팬픽을 구성하는 미국이나 일본과 다른 점이다.

아이돌 팬픽은 남성 아이돌 멤버의 동성애를 중심으로 이야기가 구성된다는 특징이 있다. 아이돌 팬픽을 구성할 때 반드시 지켜야 하는 사항은 남남커플이 유지되어야 하며, 팬픽 속 남자 주인공의 상대가 여자여서는 안 된다는 것이다. 최근에는 팬픽의 등장인물에 팬 자신이 빙의되어 스타와 로맨스를 만들어 가는 스토리도 등장하고 있다. 그뿐만 아니라 팬픽 작가가 SNS 카카오스토리에 자신의 팬픽을 연재하는 새로운 형태의 팬픽도 등장하고 있다.

아이돌 팬픽 문화는 점점 세분화되면서 동성애 코드를 확장시켜 갔고 남성 아이돌 스타를 대상으로 한 여성들의 팬픽은 새로운 놀이가 되었다. 현재 아이돌 팬픽문화는 폐쇄성을 강화해서 그 내부를 면밀하게 들여다보기가 이전보다 어려워졌다. 아이돌 팬픽은 개인의 취향을 표현하는 하나의 '장르'로 팬픽의 생산과 소비가 현실과 구분된다는 사회적 인식이 필요하다.

(3) 기부

팬덤이 문화를 받아들이는 수용자에서 생산하는 주체로 인식이 바뀌었다. 또 최근에는 팬덤문화를 향유하는 방식이 적극적으로 변화하면서 팬들이 스타를 단순히 수용하거나 생산하는 차원을 넘어 스타의 동반자가 되었다는 시각이 있다. 팬에 대한 사회의 인식이 변화되면서 팬들이 스타의 이름으로 기부를 하거나 봉사활동을 하는 등 자선활동이 진행되었다. 처음에는 스타가 먼저 기부나 봉사활동을 하면 팬들도 모방하는 형태로 시작되었다. 현재는 팬들이 스타에 대한 조공의 한 방식으로 기부와 봉사활동을 하고 있다. 이는 스타에 대한 팬들의 사랑과 동경을 표현하는 방식 중 하나이다.

팬들은 각자 조금씩 기부금을 모아 자선단체에 전달하는 방식으로 기부한다. 팬들이 스타를 위해 기부나 봉사활동을 하는 것은 '다른 대가를 바라지 않고 실시'하는 것으로 순수한 이타적 동기로 볼 수도 있다. 또한 인터넷이 발달하면서 팬덤의 문화소비 형태가 이전보다 훨씬 다양해졌으며 팬들이 소비하는 문화상품에 기부나 봉사활동이 포함되어 있다. 팬들의 기부에 대해 순수하게 이타적인 의미의 '기부'로 보아야 한다는 입장과 '문화 소비' 형태의 하나로 보아야 한다는 입장이 존재한다.

팬들이 스타의 이름으로 기부나 봉사활동을 하는 것은 스타의 사랑에 보답하기 위해서 다른 대가를 바라지 않고 하는 행동이기도 하지만, 좀 더 면밀히 살펴보면 팬들이 스타의 이미지 관리 차원에서 하는 하나의 팬 활동이기도 하다.

최근 팬들의 기부 동향을 보면 금액과 횟수가 이전과는 눈에 띄게 다른 스케일로 진행되는 것을 알 수 있다. 최근 코로나19 극복을 위해 임영웅, 김연아, 방탄소년단, 아이유 등의 팬들이 각각 1억 원이 넘는 거액을 기부했고, 팬뿐만 아니라 스타들도 앞다투어 기부했다. 팬들의 기부는 먼저 기부한 스타를 모방할 수도 있고, 자발적으로 팬들끼리 스타를 위해 기부할 수도 있지만 기부로 인한 스타와 팬덤의 영향력은 현재 점점 커지고 있다. 팬들의 기부문화가 스타의 이미지 관리 차원에서 실행되겠지만 사회 전반에 선한 영향력을 끼치고 있는 것은 사실이다. 그뿐만 아니라 기부에 동참하는 팬들, 특히 청소년 팬들 입장에서도 사회를 위해 조금이나마 무언가를 한다는 보람을 느끼는 장점이 있다.

5. 팬덤문화에 영향을 미치는 요인

청소년의 팬덤활동에 영향을 미치는 요인은 여러 가지가 있다. 그 요인으로 스타의 매력, 소속사의 홍보 전략과 같은 스타 요인, 팬 개인의 위축감과 같은 심리내적 요인, 부모의 양육태도와 같은 가정 요인, 팬 활동을 공유하는 친구 관계와 같은 학교 요인을 통칭하는 개인 요인 등이 있다. 그 외에도 스타에 대한 이미지를 형성하고 대중에 노출시키는 미디어 요인 등 다양한 요인의 상호작용으로 청소년들은 팬덤활동을 한다.

팬덤활동을 시작하기 위해서는 대상이 있어야 하며, 그 대상은 믿을 만하고 전문적이며 매력이 있어야 한다. 스타는 실제로 믿을 만하고 전문적이며 매력이 있을 수 있지만 거의 대다수가 소속사의 홍보 전략으로 포장된다. 팬들은 미디어를 통해 스타에 대한 이미지를 형성하고 이미지에 지속적으로 노출됨으로써 스타의 이미지와 친숙해진다.

스타가 매력적이면 팬덤활동을 시작하기가 수월하겠지만 스타 요인만으로 팬덤활동을 하기보다는 팬덤활동을 하도록 만드는 개인 요인이 있다. 팬이 부모의 양육태도나 학교 요인 등의 영향으로 심리적으로 위축되면 외부 관계를 피하고 방 안에서 온라인 팬덤활동에 몰두할 수 있다. 또한 위축되지 않더라도 학교에서 관계를 맺는 교우가 팬덤활동을 열심히 하는 것을 보고 모방할 수도 있다. 이와 같이 팬덤활동에 영향을 미치는 요인은 스타 요인, 개인 요인, 미디어 요인 등으로 다양하며 이 요인들의 상호작용으로 청소년은 팬 활동을 시작한다.

B: "처음에 빅뱅에 관심이 생겨서 빅뱅의 역사를 검색해 보았어요. 빅뱅 무대가 좋고 노래가 멋있어서 아이돌 빅뱅을 좋아했어요. 그런데 저는 빅뱅이 아이돌이 아니라 아티스트라고 생각했어요. 전형적인 아이돌이라고는 생각하지 않았던 거죠. 그러다 고등학교 1학년 때는 <으르렁>이 나왔어요. 제가 그 당시 활동하고 있었던 커뮤니티에 엑소에 관한 글이 올라왔고 관심이 생겨서 찾아보기 시작했어요. 엑소 멤버들이 잘생기기도 했고 제가 대중적이고 유행하는 걸 좋아하는 성격이라 그 당시 흐름에 맞기도 했어요. 빅뱅을 좋아할 때는 저희 반의 80~90%되는 친구들이 빅뱅을 좋아했거든요. 저는 대세를 좋아하는 것 같아요."

C: "아는 언니 집에 놀러갔는데, 그 언니가 그날 인기가요를 틀어 놓

앉더라고요. 제가 원래 가수에게 관심이 없어서 보지 않았는데, 그
날 노래 반주가 나오는데 노래가 좋더라고요. 그래서 무대를 봤는
데 노래하고 춤추는 모습이 좋아서 그때부터 좋아하게 되었어요."

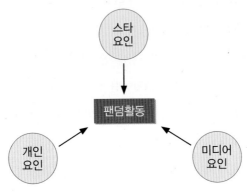

팬덤활동에 영향을 미치는 요인

　　팬덤활동에 영향을 미치는 스타 요인에는 스타의 신뢰성, 전
문성, 매력성이 주로 언급된다. 스타의 신뢰성은 팬이 미디어에
비춰지는 스타의 이미지를 진실하다고 지각하는 것이다. 신뢰성
높은 스타가 광고를 하면 소비자는 광고를 믿고 구매를 하는 것
처럼 스타에게 신뢰성은 중요한 요소이다. 신뢰성이 높은 스타
가 어떤 메시지를 내보이면 팬의 태도가 긍정적으로 변할 수 있
다. 그러나 신뢰성이 부족하면 스타가 어떤 메시지를 내보이더
라도 보는 사람은 그다지 영향을 받지 않는다.

　　전문성은 스타가 지식, 기술, 자격, 경험을 가지고 있다고 팬
이 인식하는 것을 의미한다. 전문성이 있는 스타는 팬들에게 정
확한 정보를 제공한다고 간주된다. 전문성이 있는 스타가 광고

하는 제품은 더욱 설득력 있게 느껴진다.

매력성은 팬이 스타의 개성, 능력, 신체 요소 등에 느끼는 것으로 스타의 매력에는 신체적 매력과 심리적 매력이 있다. 스타의 얼굴, 스타일 등과 같은 신체적 매력이나 스타의 신체 외의 요소에서 심리적으로 끌리는 매력은 스타에 대한 호감도를 높이는 요인이 된다.

팬덤활동에 영향을 미치는 개인 요인에는 팬의 심리내적 요인, 가정 요인, 학교 요인이 있다. 팬이 심리적으로 위축되어 있거나 우울한 경우 일상생활에서 충족하지 못하는 만족감을 팬덤활동을 통해 채우려고 할 수 있다. 위축되어 있거나 우울한 청소년의 경우, 친구들이나 선생님과 사이가 원만하지 않을 수 있다. 특히 심리적으로 위축되어 일상생활에서 대인관계를 맺는 데 어려움을 겪는 경우 팬덤활동을 통해 대리만족을 경험할 수 있다. 최근에는 인터넷의 발달로 온라인 팬덤활동이 이전보다 활발해져 위축된 청소년이 팬 활동을 통해 대인관계를 충족할 기회가 늘어났다.

반대로 개인이 심리적으로 위축되거나 우울해진 이유에는 부모의 양육태도와 같은 가정 요인이나 친구들이나 선생님과의 관계 같은 학교 요인이 있다. 부모의 양육태도가 권위주의적이거나 과잉보호적인 경우 청소년 자녀는 위축될 수 있으며, 팬 활동을 통해 스트레스를 해소하려고 할 수 있다. 또한 학교에서 다른 사람들과 관계를 원만히 형성하지 못하는 경우 팬 활동을 통해 대리만족을 하려고 할 수 있다. 팬 활동에서는 가정 배경, 나이,

지위 등과 상관없이 같은 스타를 좋아하면 보다 관계를 쉽게 맺을 수 있는 장점이 있다. 반대로 학교에서 친구들과 관계를 원만히 잘 형성하는 청소년도 스타를 좋아하는 다른 친구들의 영향으로 스타를 좋아하게 될 수 있다.

스타 요인, 개인 요인 외에 미디어 요인도 청소년들이 팬덤활동을 하는 요인이 된다. 방송사들은 스타의 팬들이 주로 10대인 점을 이용하여 프로그램도 주로 10대 위주로 구성해 오고 있다. 또한 프로그램의 호응도를 높이기 위해서 팬층이 두터운 스타들을 앞다투어 출연시키면서 팬들의 관심을 이끌어 내고 그들의 관심 속에서 시청률 경쟁을 한다. 방송사에서는 기존 팬들의 관심을 위해 스타를 노출시킬 때 스타의 이미지를 과대 포장하고, 스타에게 관심이 없던 사람들은 미디어 속에서 포장된 스타의 완벽한 이미지를 동경하여 팬 활동을 시작하기도 한다. 이렇듯 청소년의 팬덤문화에 영향을 미치는 요소는 스타 요인, 개인 요인, 미디어 요인 등 다양하기 때문에 어느 한 요인만이 아니라 이들 요인의 상호작용으로 청소년들은 팬덤활동을 시작하고 지속시킨다.

6. 한류와 글로벌 팬덤

한류(Korean Wave, Hanllyu, K-Culture)는 전 세계 사람들이 한국의 대중문화를 좋아하는 현상으로, 짧지 않은 시간 동안 지속되고 있고 개념 역시 변하고 있다. 한류 1.0, 한류 2.0, 한류 3.0 등으로 한류를 구분해서 설명하기도 하며 영화, 드라마, K-pop 등 영역별로 한류를 살펴보기도 한다.

한류는 1993년에 드라마 〈질투〉가 중국에서 방영되며 시작되었다. 1997년에는 드라마 〈사랑이 뭐길래〉가 중국에서 방영된 외국 드라마 최초로 시청률 1위를 기록하여 화제가 되기도 했다. 이때부터 2000년 사이에는 중국을 중심으로 한국 드라마의 인기가 퍼져 있었으나 2000년 이후부터는 드라마에서 가요로, 중국에서 아시아 전역으로 한국 대중문화의 인기가 확산되었다.

일본에서는 2000년에 영화 〈쉬리〉가 상영되었고 〈JSA 공동경비구역〉, 〈엽기적인 그녀〉 등의 영화가 잇달아 개봉했다. 2002년 초반에 드라마 〈겨울연가〉가 일본에서 큰 인기를 끌면서 많은 한국 드라마가 일본에 수출되었고 이후 〈대장금〉, 〈태왕사신기〉, 〈황진이〉 등의 드라마들이 잇따라 큰 인기를 얻어 일본 내에 한류가 확산되었다.

한국의 대중음악은 1960년대부터 이미 일본에 알려져 있었고, 2000년대 초반에 보아가 일본에서 큰 인기를 얻으며 K-pop 열풍을 주도했다. 이후 동방신기, 소녀시대, 카라 등의 그룹이 연달아 일본에서 큰 인기를 얻었다. 아시아 곳곳에서 한국의 대중문화가 인기를 끌면서 한식, 한국어, 한국여행 등도 인기를 얻었다.

2010년이 넘어서는 그룹 방탄소년단이 전 세계에서 큰 인기를 끌면서 국내외 언론의 주목을 받았다. 방탄소년단은 미국과 영국 등에서 이전에는 보지 못했던 새로운 기록을 써 나갔고 덕분에 한류는 아시아를 넘어 유럽과 북미권까지 확장되었다. 방탄소년단이 전 세계적인 인기를 끌게 된 데는 그들의 광범위한 팬덤의 역할이 결정적이었다. 방탄소년단 팬덤(ARMY)은 SNS를 통해 한국, 아시아를 넘어 전 세계에서 형성되었고, 이들은 방탄소년단의 노래, 영상 등의 자료를 직접 다국어 자막으로 번역해서 다른 언어를 사용하는 이들도 방탄소년단의 활동을 공유하도록 하는 데 결정적인 역할을 했다.

최근에는 SNS, 유튜브뿐만 아니라 넷플릭스와 같은 플랫폼이 보급되어 전 세계 팬들이 그룹의 활동을 보며 지지하기가 더욱 수월해졌고 한류의 영향력을 확장시키는 데 큰 도움이 되고 있다. 한국 대중문화가 전 세계로 확산되면서 한국을 잘 모르던 외국인들에게 한국이 어떤 나라인지 홍보하는 데 용이해졌고, 그로 인한 경제적 부가가치는 막대한 것으로 알려져 있다. 한류를 지속하기 위해서는 스타와 기획사의 노력뿐만 아니라 해외 팬들의 지지와 결속력도 필요하며, 따라서 다양한 팬들을 관리하기 위한 시스템도 더욱 세심해질 필요가 있다.

생각거리

이 장에서는 주로 팬덤활동의 긍정적인 측면을 설명하고 있다. 여기서 설명한 것처럼 팬덤활동에 긍정적인 면만 있을까? 팬덤활동의 역기능을 개인적·사회적 측면에서 생각해 보자.

팬덤활동이 개인에게 부모, 친구 관계와는 다른 또다른 의미의 관계가 될 수 있다는 점을 생각해 볼 수 있다. 과연 팬덤활동에 긍정적인 면만 있을까. 청소년의 경우 팬덤활동을 하면서 친구 관계에서 충족시키지 못하는 즐거움을 얻을 수 있다. 그러나 친구 관계와는 다르게 팬덤활동은 스타를 위한 과도한 비용이 들어서 경제력이 없는 청소년에게 부담이 된다. 일부 청소년들은 스타를 위한 또는 스타를 만나기 위한 비용을 모으기 위해 별도로 아르바이트를 하고, 용돈 문제로 부모와 갈등을 빚기도 한다.

그뿐만 아니라 팬덤활동을 하면서 좋아하는 스타처럼 되고 싶거나 직접 스타와 친분을 형성하고 싶은 마음이 커지지만 충족되지 못하면서 오는 공허감 등으로 삶의 만족도가 점점 낮아지기도 한다. 팬덤활동에 과도하게 몰입해서 학업에 온전히 집중하지 못하는 경우도 많으며 결국 팬덤활동이 청소년의 학교생활에 부정적인 영향을 미칠 수도 있다.

스타에 대한 열망으로 스타처럼 되고 싶은 청소년들은 과도하게 외모에 신경을 쓰고 건강을 해칠 정도로 다이어트를 하기도 한다. 미디어에 나오는 스타들이 늘 모범적인 모습만 보여주는 것은 아니기에 일부 청소년들은 그런 스타들을 보면서 잘못된 점을 모방하기도 한다. 특히 좋아하는 스타가 스스로 목숨을 끊어 관련 기사가 많이 보도되면 스타를 좋아하는 청소년은 그런 행동을 모방할 위험성이 크다.

팬덤활동에 여러 역기능이 있을 수 있지만, 그럼에도 청소년들에게 새롭고 다양한 사회관계를 경험할 기회를 줄 수 있다는 의견은 일부 타당하게 받아들여지고 있다. 따라서 팬덤활동의 부정적인 영향을 줄이는 방법을 찾는 것이 필요하다.

김남옥·석승혜(2017). 그녀들만의 음지문화, 아이돌 팬픽. 《한국어문학국제
　　학술포럼》, 37, 191-226.

김환표(2012). 《팬덤의 역사 - '인정투쟁'을 위한 치열한 몸부림인가》(1)~(4).
　　인물과 사상.

박신의(2012). 한류 글로벌 팬덤 현상을 통해 본 문화소통 및 교류의 전망.
　　《문화예술경영》, 2, 23-37.

박진웅(2019. 5. 12). 아이돌 팬덤, 당당한 문화로 자리잡다. 고대신문.
　　https://www.kunews.ac.kr/news/articleView.html?idxno=30376

살여라(2019). 방탄소년단 팬덤활동이 심리적 행복감 및 일상생활에 미치는
　　영향에 관한 비교연구: 한·중 여성 팬을 중심으로. 동국대학교 대학원
　　석사학위논문.

안은미·김소희·전선율·진성미·정익중(2012). 팬덤활동 참여가 청소년의 학
　　교적응에 미치는 영향. 《사회과학연구》, 28(2), 421-446.

오용수(2010). 한류의 변천과 한류관광의 경쟁력 창출: 일본 내 한류, 신한류,
　　한류 2.0 을 중심으로. 《한국관광정책》, (42), 78-83.

윤수진(2016). 팬덤 내 청소년의 굿즈(goods)제작 활동에 관한 연구: exo팬들
　　을 중심으로. 중앙대학교 사회개발대학원 석사학위논문.

이미나·홍주현(2020). 소셜미디어를 통한 글로벌 팬덤 확산에 관한 연구-방
　　탄소년단 관련 트윗 분석. 《영상문화콘텐츠연구》, 19, 7-32.

이선화(2019). 팬덤기부에 영향을 미치는 요인 연구. 성균관대학교 사회복지
　　대학원 석사학위논문.

정재민(2008). 청소년문화의 탈하위문화 현상에 관한 일 연구- 팬덤문화를 중
　　심으로-. 명지대학교 대학원 박사학위논문.

한국청소년개발원(2005). 청소년 매니아 문화의 실태와 정책과제, 한국청소년

개발원.

한국청소년개발원. (2005).《청소년문화론》, 교육과학사.

Duffett, M.(2013). *Understanding fandom: An introduction to the study of media fan culture*. Bloomsbury Publishing USA.

Fiske, J.(1987). *Television culture*. Routledge.

Fiske, J.(1989). *Reading the popular*. Routledge.

Fiske, J.(1992). The cultural economy of fandom. in L. Lewis (Ed.), *The adoring audience: Fan culture & popular media*. Routledge.

Hebdige, D.(1979). *Subculture: The Meaning of Style*. Routledge.

Jenkins, H.(1992). *Textual poachers: Television fans and participatory cultures*. Routledge.

Jensen, J.(1992). Fandom as pathology: The consequences of characterization. In L. Lewis (Ed.), *The adoring audience: Fan culture & popular media*. Routledge.

사회자본과
청소년 팬덤문화

사회자본과 청소년 팬덤문화

쓸쓸한 듯이 과거를 보지 말라.

과거는 두 번 다시 돌아오지 않으므로, 주저하지 말고 현재를

개선하라.

그림자 같은 미래를 향해 나아가라.

두려워하지 말고 씩씩하게 용기를 갖고 나아가라.

― 롱펠로

　사회자본에 대해서 논의했던 연구자들은 '앞으로 사회자본이 줄어들 것인가'라는 질문에 다소 상반되는 입장을 보였다. 일부 연구자들은 사람들끼리 서로 경계하고 사회적으로 불신이 만연해져 사회자본이 줄어들 것이라고 주장했다. 변호사가 많아지고 고소, 고발, 소송이 늘어나고 있는 점이 우리 사회에서 사회자본이 줄어들고 있음을 보여 준다고 한다. 반면, 어떤 연구자들은 인터넷의 발달로 시공간적 제약을 뛰어넘어 남녀노소, 어느 국가나 지역에 거주하든지 원하면 누구나 교류할 수 있으므로 사회자본이 늘어날 것이라고 주장했다.

　층간소음 문제로 이웃 간에 분쟁이 발생하고, 학교에서 교사

와 학생, 학부모의 관계는 이미 틀어질 대로 틀어진 것 같다. 교사의 권위는 추락하고 학생과 학부모는 학교와 교사를 불신한다. 그리고 학생과 학생들 간에도 예전보다 불신이 팽배해져 시기, 질투, 경쟁, 폭력이 비일비재하게 일어나고 있다. 이런 관점으로 보면 사회자본이 줄어들고 있는 것은 분명해 보인다. 인터넷의 발달로 사회자본이 늘어날 것이라고 하지만 인터넷을 통한 관계는 표면적이고 쉽게 맺은 만큼 쉽게 끊어질 수밖에 없다.

이런 상황에서 제일 피해를 보는 당사자는 자라나는 청소년인 것 같다. 부모 세대의 불신이 청소년 자녀에게 스며들어 청소년은 친구와 제대로 된 신뢰관계를 맺어 볼 기회도 없이 바로 불신하고 경계하기 시작한다. 그리고 이런 현상은 학교를 이탈하는 청소년이 많아지는 하나의 이유가 될 것이다.

현재 청소년은 교우와 지나친 경쟁으로 학교에서 제대로 된 사회관계를 맺는 경험을 하기가 이전보다 어려워졌다. 이런 상황에서 팬덤활동은 제3의 사회자본으로 청소년이 타인과 관계를 맺는 경험을 하는 데 도움을 줄 수 있다. 팬덤활동을 통해 배경이 다른 타인과 관계를 맺는 기회가 생긴다. 인터넷의 발달로 온라인 네트워크를 통해 타인과 쉽게 관계를 맺을 기회가 많아졌다. 물론 온라인이나 팬덤활동으로 형성한 관계는 한계가 있지만 청소년들은 이런 관계를 통해 가정과 학교를 벗어나 새로운 관계를 형성할 수 있다. 따라서 팬덤활동을 잘 활용한다면 청소년들이 다양한 사회관계를 경험하는 데 도움을 줄 수 있다.

팬덤활동이 예전에는 비주류 청소년의 문제행동이었다면 지금은 이전보다는 훨씬 더 주류문화 속으로 편입되었다. 국가적 차원에서 문화산업을 지원하기도 하고 학부모는 자녀를 스타로 만들기 위해 어렸을 때부터 전문적으로 훈련시키며 고생을 마다하지 않는다. 청소년은 스타를 열망하고 동경하기 때문에 대부분 각자 좋아하는 스타를 마음속에 한두 명씩 품고 있다. 인터넷의 발달로 좋아하는 스타의 소식을 언제 어디서든 들을 수 있어서 연예인은 친구끼리 소통하기에 적합하고 즐거운 대화거리가 될 수 있다. 연예인 이야기를 하면서 즐거워하고 공감하면서 이야기의 방향을 점차 현재 고민과 같은 좀 더 속 깊은 이야기로 나아갈 수 있다.

B: "팬덤활동을 하면서 친구를 사귈 수 있어요. 중고등학교 때부터 알던 친구들과는 연예인 얘기를 많이 하면서 친해질 수 있었어요. 그런데 대학이나 사회에서 알게 된 사람들과는 연예인 얘기를 많이 하지 않는 것 같아요. 그 사람들이 연예인 얘기를 안 좋아하기도 하고, 연예인을 안 좋아하는 사람과는 연예인 얘기를 해도 공감이 되지 않아서요. 성인이 되고 나서는 연예인 얘기를 많이 안하고 일코를 하는 거 같아요."

"중고등학교 때 아이돌 좋아하는 친구들끼리 친했어요. 제 친구들 대부분이 아이돌을 좋아했어요. 초등학생 때나 중학생 때 같이 빅뱅 좋아했던 친구들과는 여전히 친하게 지내요. 저는 아이돌 이슈를 좋아하는 친구와 친하게 지내게 되는 거 같아요. 관심사가 비슷해서 예전부터 친했던 친구들을 만나면 재밌고 오래 만나게 되는 것 같아요."

"학생 때 팬덤활동 하면서 친구를 많이 사귀었어요. 친구들이 '얘 엑소 ○○ 좋아한데' 하면서 다른 친구를 소개시켜 주기도 했어요. 청소년기에 공통 관심사가 거의 연예인이었으니까요. 친구들과 대화에도 항상 아이돌이 있었어요. 그래서 학생 때 팬덤활동을 했던 게 도움이 되었던 거 같아요."

C: "중학생 때는 샤이니 좋아하는 친구들 몇 명과 마음이 맞아 친하게 지낼 수 있어서 좋았어요. 그때는 점심시간에 학교에서 노래를 틀어 줬는데 친구들이랑 스피커 아래에서 춤추고 노래하고 그랬어요. 샤이니 앨범 나오면 앨범도 사러 가고, 잘 나온 공연 사진 있으면 친구들과 같이 보고 그랬어요. 옛날에 샤이니가 광고했던 과자나 신발, 핸드폰 산 사람이 있으면 다 같이 구경하고 그랬어요. 과자는 자주 사먹었고, 친구들과 과자 광고를 따라 하기도 했고요. 친구들도 여전히 샤이니를 좋아하고 있어요."

일부 어른들의 시각에 팬덤문화는 청소년이 학업에 열중하는데 방해 요소일 수 있지만, 청소년에게 팬덤문화는 하나의 즐거움이며 대화 주제가 될 수 있다. 일부 연구에서 팬덤활동을 하는 청소년들이 더 우울하고 삶의 만족도가 낮다는 점을 보여 주기도 하지만 부정적인 요인을 줄이면서 즐거움을 배가시키는 방안을 찾으려는 각자의 노력이 필요하다.

팬덤활동이 청소년들에게 미치는 부정적인 영향을 줄이면서 학교생활과 잘 병행할 수 있는 방법은 무엇일까. 행동주의 심리학의 정적 강화기법을 활용하면 보다 유용할 것이다. 정적 강화기법이란 행위자가 바람직한 행동을 하면 그에 맞게 보상해 주는 것을 의미한다. 정적 강화기법을 적용해서 청소년이 학교생활에 열심히 참여하면 좋아하는 스타의 공연장을 가도록 허락해 주거나 음반을 사줄 수 있다. 안타깝게도 정적 강화기법은 어느 정도 효과가 있지만 강화물이 사라지면 행위자가 바람직한 행동을 하지 않을 위험이 있다.

팬덤활동의 부정적인 영향을 줄이면서 학교생활과 잘 병행하도록 도와줄 또 다른 방법은 스타들의 창작물을 학습에 연계하는 것이다. 단순히 음악 공부뿐만 아니라 노래 가사를 심리학, 철학과 같은 학문과 연결 지어 인생사를 공부할 수 있고, 영어 공부도 가능하다. 또한 스타의 춤을 친구들과 같이 연습하면서 체육 활동을 할 수도 있고 사회성을 기를 수도 있다.

1. 2013년의 연구

사회자본과 팬덤문화를 연결 지으려는 노력은 이미 2010년대 초반부터 시작되었다. 주경희, 이소영, 김향미, 서정치(2013)는 〈사회 자본으로서의 온라인 팬덤문화〉라는 논문을 통해 온라인 팬덤문화가 어떻게 사회자본으로 역할을 할 수 있는지 논의했다. 저자들은 이 논문에서 이전까지 많은 연구자들이 팬덤문화를 병리적인 현상으로 보았던 기존의 관점에서 벗어나 팬들이 온라인에서 많은 사람들과 스타에 대한 생각을 공유하고 기부 등을 통해 선한 영향력을 행사하고 있다는 점을 논의했다.

이 연구에서는 인터넷을 통한 관계가 사회자본 형성의 토대가 됨을 설명하면서 팬들이 온라인에서 자신이 좋아하는 스타에 대한 정보를 공유하고 팬덤이라는 네트워크를 형성한다고 밝혔다. 이 연구에 따르면 사회자본을 개인이 유대 관계를 통해 접근가능한 자원이라고 정의할 때 팬, 스타, 소속사에게 팬덤은 사회자본이 될 수 있다. 또 사회자본을 인지적 사회자본과 관계적 사회자본, 구조적 사회자본이라는 세 가지 차원으로 구분해서 팬덤과 이들 차원이 어떻게 관련되는지 설명했다.

주경희 등은 인터넷에서 스타에 대한 정보공유가 얼마나 활발하게 일어나는지를 통해 팬덤과 사회자본의 관계를 설명하려고 시도했고, 연구 결과 의견 선도력과 혁신성이 높은 팬들이 정보 공유 행동을 더 활발하게 하며 자신이 직접 스타와 관련된 콘텐츠를 많이 생산하는 팬들이 다른 팬들과 정보공유를 더 활발하게 했다.

이 연구의 대상은 유명한 가수 팬클럽에서 활동하는 10대와 20대로, 다양한 연령층의 팬들과 다양한 직종의 스타를 대상으로 연구하지 못했다는 한계가 있다. 또한 팬 개인의 정보 관련 활동을 주로 다루고 스타에 대한 충성도와 같은 부분이 배제되어 있다는 한계가 있다.

인터넷을 통한 팬들의 정보공유 활동으로 팬덤과 사회자본의 관계에 대해 살펴본 이 연구는 그동안 병리적인 문제라고 여겨졌던 팬덤활동에 대해 새로운 시각을 제시했다는 점에서 의의가 있다. 그러나 단순히 정보공유 활동만으로 팬덤과 사회자본을 연결 짓는 방법은 현상의 일부만 보고 전체를 파악하려는 것과 다르지 않다. 저자들도 팬덤활동에 영향을 미칠 수 있는 다른 외생변수들을 고려해야 했음을 인정하고 있지만 특정한 가수의 일부 팬을 중심으로 정보공유 활동을 조사해서 관계를 분석한 것은 다소 아쉬움이 있다.

이 연구에서 팬덤문화와 사회자본의 관계를 설명한 이유는 주로 문화산업을 이끌어 가는 기업에게 도움을 주기 위한 목적이라고 밝히고 있다. 그러나 팬덤문화는 단순히 기획사나 스타에게만이 아니라 직접 스타를 위해 여러 가지 활동을 하는 팬들에게도 의미 있는 사회자본이다. 팬들은 팬덤 네트워크를 통해 다른 팬들과 정보를 공유할 뿐만 아니라 학교생활이나 사회생활 전반에 대한 조언을 얻기도 하고, 타인들과 빈번하게 접촉하면서 대인관계 능력을 향상시켜 나갈 수 있다.

특히 청소년의 경우 그들에게 영향을 미치는 사회자본은 부모의 양육태도와 같은 가정 요인, 친구들이나 선생님과의 관계와 같은 학교 요인 등이 있는데, 이 관계는 모두 특정한 소수와 형성된다는 특징이 있다. 그러나 팬덤활동을 통해서 형성하는 관계는 같은 스타를 좋아하기만 한다면 국적, 세대, 성별, 사회경제적 지위, 직업이 달라도 충분히 교류할 수 있다. 오히려 팬들은 스타에게 어떤 문제가 생기면 서로 업무를 분담해서 스타의 문제를 대신 해결해 주려는 등 단결된 모습을 보이기도 한다. 청소년은 팬 활동을 통해 성인들과 교류하면서 미리 사회생활을 연습할 수 있으며, 문제가 생겼을 때 어떻게 대처해야 하는지 학습할 수 있다. 청소년은 성인들과 다르게 성장하고 있다는 점에서 팬 활동이 그들에게 미치는 영향은 성인보다 더 클 수밖에 없다.

일부 청소년 팬들은 스타의 얼굴을 한 번 보기 위해 100장이 넘는 앨범을 사고, 그들에게 조공하기 위해 비싼 명품을 사기도 한다. 또한 스타의 이미지 관리를 위한 기부에도 참여하는데 대다수의 청소년들은 경제활동을 하지 않는다. 청소년들 대부분 부모님께 용돈을 받아 생활하는데 스타를 위한 비용을 대기에는 부족하다. 물론 아무리 스타를 위한다고 해도 자신의 경제수준을 넘어서는 비용은 대지 않는 합리적인 청소년 팬도 있지만, 일부 청소년 팬들은 아르바이트를 해서 비용을 충당한다. 청소년은 학업에 충실하는 것이 의무이기는 하지만, 아르바이트를 통해 스타를 위한 비용을 충당하려는 청소년의 노력을 무조건 나쁘게만 볼 것은 아니라고 생각한다. 자신이 좋아하는 것, 좋아하는 대상을 위해 경제활동을 경험해 보는 것은 청소년 시기에만 할 수 있는 또 하나의 특권이며 그들에게 하나의 추억이 될 수 있다. 또한 청소년 시기의 경제활동은 성인이 되어 사회생활을 할 때 하나의 선행 경험이 되어 도움을 줄 수도 있다.

이렇듯 팬덤활동은 청소년에게 하나의 사회관계, 사회자본이 될 수 있다. 청소년은 팬덤활동이라는 사회자본을 통해 다른 팬들과 도움을 주고받기도 하며, 굿즈 등을 팔아 경제적인 이익을 얻기도 한다.* 또한 팬픽 작가로 이름을 알려 일찍이 진로를 정하기도 하고, 팬 활동에 필요한 경비를 모으기 위해 미리 경제활동을 경험해 보기도 한다.

교육학이나 사회학에서 주로 설명하는 사회자본은 심리학에서 이야기하는 사회관계와 유사하다. 심리학에서는 개인이 심리적 어려움을 겪지 않고 행복한 삶을 영위하기 위해 사회관계가 필요하다고 설명한다면, 교육학이나 사회학에서는 사회자본에 대해 주로 개인적, 사회적 이익을 얻기 위한 사회관계의 양과 질 또는 개인이 직간접적인 유대관계를 통해 접근 가능한 자원이라고 설명한다. 즉, 교육학과 사회학에서는 관계가 개인에게 어떤 이득을 줄 수 있는 '자원'임을 들어 사회자본을 설명하고 있다. 개인이 관계를 통해 얻는 이득이 실물만을 의미하는 것이 아니라면 개인의 행복 역시 관계를 통해 얻는 이익이 될 수 있다. 실제로 많은 연구에서 사회자본이 개인의 심리적 안녕감에 어떤 영향을 미치는지 밝히기 위해 노력했다. 이런 식으로 생각해 본다면 세 학문에서 이야기하는 사회자본과 사회관계는 '관계, 네트워크'를 설명하고 있다고 무방할 것이다.

심리학에서도 사회관계의 중요성을 강조하는 이론이 있다. 그

---

* 지나치게 비싼 굿즈 가격은 팬들에게 부담이 되기도 하기 때문에 굿즈의 적정 가격을 책정하는 것이 필요하다.

중 아들러의 개인심리학은 사회적 관심을 통한 사회관계의 중요성을 강조하는 대표적인 심리학 이론이다. 아들러는 주로 인간의 열등감을 연구했고, 열등감은 모든 인간이 가진 보편적인 현상이라고 주장했다. 아들러에 따르면 모든 인간은 열등감을 극복하기 위해 노력하는데 우월감을 지나치게 추구하는 사람은 열등감 콤플렉스에 빠질 수 있다. 또한 반대로 사회적 관심이 적은 개인은 사회관계를 회피하고 결국 심리적 어려움을 경험할 수 있다.

아들러는 사회적 관심을 통해 공동체감을 충족하는 것이 중요하고 이를 충족하기 위한 인생과제를 제시하기도 했다. 아들러가 제시한 인생과제에는 사랑, 우정, 일이 있는데, 아들러는 이세 가지 인생과제를 해결하면 올바른 생활양식을 갖고 행복으로 나아갈 수 있다고 했다. 인생과제 중 우정은 우정 어린 관계를 맺는 것을 의미한다. 우정 어린 관계에는 주로 친구 관계, 직장 동료 관계, 동호회에서 맺은 관계 등을 의미하는데, 청소년에게 우정을 형성하고 유지할 수 있는 관계는 주로 친구 관계이다. 친구 관계는 사회자본이론에서 청소년의 학교 사회자본이라고도 부르는 관계로 청소년은 친구 관계를 통해 사회적 관심을 충족하고 공동체감을 갖게 되며 사회적이고 전체적인 개인이 되어간다.

아들러가 이론을 제시했을 때는 지금보다 대중문화산업이 활발하지 못했다. 당시에는 인터넷은 물론 각종 미디어도 지금보다는 다양하지 않았고 팬덤활동도 그다지 활발하거나 환영받는 시기가 아니었다. 지금처럼 드러내 놓고 집단적으로 팬 활동을 하는 개인들을 주변에서 보기가 어려웠으며 팬덤활동이라는 개념을 아는 이들 역시 몇몇 되지 않았을 것이다. 그러나 오늘날 사람들은 마음속에 좋아하는 스타 한두 명씩은 있으며 초고속 인터넷의 보급으로 원하면 언제 어디서든 스타에 대한 정보를 얻고 팬 활동을 할 수 있다. 팬들은 친구 관계를 통해 우정 어린 관계를 맺는 것뿐만 아니라 팬덤활동을 통해서도 우정 어린 관계를 맺을 수 있다. 팬덤활동을 통해 전혀 알지 못했던 낯선 또래, 성인들과 관계를 맺는다. 팬들은 짧게는 몇 개월, 길게는 몇 년씩 팬 활동을 지속하는데 단순히 접촉 기간만 보더라도 팬 활동을 통해 형성하는 관계는 학교의 친구 관계 못지않게 친밀한 관계가 될 수 있다.

교육학, 사회학, 심리학에서 각각 사회자본과 사회관계라는 단어로 '관계'를 다르게 표현하고 있으나, 결국 '관계'는 개인이 타인과 직간접적인 접촉을 통해 형성하는 유대라는 점에서 다르지 않다. 그렇다면 세 학문에서 설명하는 현대적인 사회관계 또는 사회자본에 팬덤활동으로 형성한 관계 역시 포함될 수 있다.

세 학문에서 관계를 어떻게 설명하고 있는지, 팬덤활동이 어떻게 현대적인 의미의 사회자본이 될 수 있는지 설명했다. 이제는 좀 더 구체적으로 앞서 살펴본 사회자본의 구성요소와 팬덤활동의 연관성을 살펴보려고 한다.

2. 사회자본의 구성요소와 팬덤

앞서 2장에서 사회자본의 구성요소로 신뢰, 호혜성, 네트워크를 설명했다. 신뢰란 행위자가 자신의 행위에 영향을 미치는 다른 행위자를 감시하거나 통제할 수 없는 상황에서 다른 행위자나 행위집단이 특정한 행동을 할 것이라 판단하는 주관적 확률(Gambetta, 1988), 호혜성이란 사회적 교환관계와 행위규범의 기초이자 다양한 형태(재화, 용역, 의무, 기대, 감정)의 모든 교환들(Sahlins, 1972), 네트워크란 보다 큰 사회구조 내에서 행위자들을 연결시키는 특수한 성격의 사회적 관계의 여러 가능한 집합체 중 하나(Emirbater & Goodwin, 1994)라고 이미 정의를 설명했다.

사회자본의 구성요소라고 여겨지는 신뢰, 호혜성, 네트워크를 사례를 통해 생각해 보자.

집 근처에 자주 가는 과일가게가 있다고 생각해 보자. 시내에 가려면 그 과일가게를 지나가야 하고 그 덕분에 과일가게 주인과 친분을 쌓았다. 어느 날, 잠깐 일을 보기 위해서 나가려고 하는데, 문득 보니 그날따라 과일가게에 싱싱한 과일이 많이 들어와 있었다. 과일가게는 현금으로만 거래하는데 수중에 현금이 천 원밖에 없었다. 일을 보고 오면 과일이 다 팔릴 것 같아 살짝 걱정이 되었다. 그래서 주인에게 내가 '이따 일을 보고 들어오면서 돈을 찾아오겠다. 그때 과일값을 드릴 테

니 내 과일을 옆으로 빼놓아 달라'라고 부탁했고 주인은 흔쾌
히 알겠다며 과일을 고르라고 했다.

위의 사례를 보면 나는 그동안 과일가게에서 과일을 자주 산
덕분에 주인과 친분을 쌓았고 몇 마디만으로 외상을 할 수 있는
관계가 되었다. 사례는 '신뢰'를 보여 주며, 이 상황에서 주인과
내가 신뢰가 없다면 외상을 하지 못하거나 만 원짜리 과일을 외
상하면서 별도로 계약서를 작성해야 했을 것이다.

이제 구성요소의 예를 친구 관계로 가져와 보자.

1. 다음 주부터 기말고사가 시작된다. 그런데 나는 시험 공
부를 하나도 하지 못했다. 학교에도 자주 결석해서 수업을 듣
지 못한 날이 많았고 당연히 노트 필기도 제대로 하지 못했다.
그래서 모범생이자 친한 친구에게 노트를 잠시 빌려달라고 했
다. 시험기간임에도 나는 그 친구가 노트를 빌려주리라 기대
한 것이다.

2. 다음 수업 시간이 체육시간이다. 그런데 깜빡 잊고 체육
복을 가져오지 않았다. 체육 시간에 선생님께 혼날 것이 두려
웠다. 그래서 옆 반 친구에게 체육복을 빌려달라고 부탁했다.
체육복에는 이름이 쓰여 있어 체육 선생님이 빌린 사실을 아
시면 그 친구와 나는 모두 혼날 것이 분명했다. 그러나 나는
그 친구가 체육복을 빌려주리라고 기대했다.

두 사례는 신뢰를 보여 주고 있다. 이 상황에서 친구와 신뢰가 없으면 나는 그 친구에게 노트나 체육복을 빌려달라고 부탁하지 못했을 것이다. 여기서 신뢰는 특정 대상과의 사적 신뢰를 의미한다.

첫 번째 사례에서 친구는 나에게 노트를 빌려주었고 다음 학기에 내가 수업을 열심히 들어 직접 필기한 노트를 그 친구에게 빌려주었다.

두 번째 사례에서 친구는 나에게 체육복을 빌려주었고 다음 번 체육시간에 체육복을 가져오지 않은 그 친구에게 나도 체육복을 빌려주었다.

두 사례에서 친구는 나의 기대대로 행동했고, 다음번에는 내가 두 친구에게 각각 노트와 체육복을 빌려주었다. 여기서 호혜성의 원칙이 성립된 것이다. 호혜성의 원칙이란 상대방이 어떤 행위를 했을 때 똑같지는 않더라도 비슷한 것으로 교환해 주는 것이다.

노트와 체육복을 빌려준 친구는 나의 가장 친한 친구들이다. 나와 이 친구들은 강한 네트워크를 형성한다. 두 친구는 각각 내가 잘 알지 못하는 다른 친구들을 알고 있고, 그러면 나는 여러 명의 친구들과 약한 네트워크를 형성한다. 그리고 나라는 다리를 통해 두 친구 역시 약한 네트워크를 형성한다. 작은 네트워크가 점점 커져서 나는 우리 반 친구들과 옆 반 친구들을 모두 알

게 되고 관계를 형성한다. 이런 식으로 관계가 확장되면서 사회
자본이 형성된다.

네트워크는 보다 큰 구조 내에서 행위자를 연결시키는 특수한
성격의 사회적 관계들의 작은 연결을 의미한다. 나와 친구의 관
계, 친구와 다른 친구의 관계 등 작은 연결이 모여 하나의 큰 구
조를 이루는 것이다.

만약 관계에서 신뢰가 없다면 어떻게 될까. 앞의 사례에서 신
뢰가 없다면 나는 과일가게에서 외상을 하지 못하거나 외상을
할 때 별도로 계약서를 작성해야 한다. 만 원어치 과일을 사면서
외상할 때마다 계약서를 작성한다면 매우 번거로울 것이다. 친
구 관계에서 신뢰가 없다면 나는 친구에게 노트나 체육복을 빌
려달라고 부탁하지 못했을 것이다. 그 친구가 위험을 감수하고
나에게 빌려준다는 기대가 없기 때문이다. 만약 신뢰가 없는 관
계에서 부탁하면 빌릴 때마다 별도의 약속이나 계약을 해야 할
것이다. 이 역시 매우 번거로운 일이다.

만약 관계에서 호혜성의 원칙이 성립되지 않는다면 어떻게 될
까. 과일가게 주인이 나에게 흔쾌히 외상을 해 준 이유는 내가
앞으로도 지속적으로 과일을 구매할 것이라는 기대가 있었기 때
문이다. 만약 외상이라는 호의를 받고도 앞으로 과일을 자주 사
지 않는다면 호혜성의 원칙은 성립하지 않고 신뢰를 쌓기 어려
울 것이다. 친구가 나에게 노트와 체육복을 빌려준 이유는 다음
번 친구가 필요할 때 내가 빌려줄 것을 기대했기 때문이다. 만약
다음 시험기간과 체육시간 전에 내가 그 친구들에게 노트와 체

육복을 빌려주지 않는다면 호혜성의 원칙이 성립되지 않고 나와 친구들 사이의 신뢰는 깨질 것이다.

네트워크가 없다면 어떻게 될까. 앞서 네트워크는 큰 구조 내에서 행위자를 연결시키는 작은 연결이라고 설명했다. 네트워크가 없다면 나는 과일가게 주인이나 노트와 체육복을 빌려준 친구로 관계를 만족해야 할지도 모른다. 네트워크가 쌓이면 나는 과일가게에서 과일을 사다가 아파트의 다른 주민을 알게 되어 교류할지도 모른다. 또한 두 친구의 친구, 두 친구의 형제자매, 두 친구의 부모님과도 교류하게 될지도 모른다. 그러나 네트워크가 없다면 아주 좁은 관계에 만족해야 하며, 만약 신뢰와 호혜성의 원칙이 지켜지지 않는다면 좁은 네트워크 역시 유지하기가 어려울 것이다.

사회자본의 세 가지 구성요소인 신뢰, 호혜성, 네트워크를 각각 사례를 통해 설명했다. 이번에는 세 가지 구성요소를 팬덤활동과 연결지어 설명한다. 먼저 신뢰와 팬덤활동의 관계를 살펴보자.

팬들은 스타가 팬들을 위해 사회적으로 용인되는 바람직한 행동을 하기를 기대한다. 스타들이 늘 사회적으로 모범이 되는 언행을 하길 기대하며, 내 스타가 사회적으로 존경을 받아 내가 그의 팬이라는 사실에 자부심을 느끼기를 바란다. 재해 등으로 국가에 큰 어려움이 생겼을 때 스타가 기부를 통해 선한 영향력을 행사하고, 사회적으로 논쟁이 되는 사안에 대해 스타가 나서서 바른말을 해 주기를 기대한다. 팬들은 스타에게뿐만 아니라 같은 팬들에게도 스타의 이미지를 훼손하는 언행을 하지 않기를 기대하며, 어떤 중대한 일이 생겼을 때 스타의 이름으로 기부에 서로 동참하면서 사회적으로 선행을 하기를 기대한다. 팬들이 스타나 다른 팬들에게 이런 행동을 해야 한다고 직접적으로 감시하거나 통제를 하는 것은 아니지만 스타나 팬들 모두 암묵적으로 서로 그렇게 해야 한다는 기대가 있다. 이것이 팬과 스타, 다른 팬들 사이의 신뢰이다.

만일 팬이 스타나 다른 팬들과의 관계에서 신뢰가 없다면 어떻게 될까. 아마 팬덤이 지속되지 못할 것이다. 팬들은 스타의 팬이라는 사실을 부끄럽게 여겨 더 이상의 관계 맺기를 꺼리고 다른 팬들과의 관계도 단절되어 스타를 위한 정보공유 같은 활동을 더 이상 하지 못할 것이다. 신뢰는 팬덤 내에서 아주 중요한 요소인데, 팬들이 모든 팬들과 신뢰를 형성하는 것은 아니다. 예를 들어 굿즈를 제작하여 판매하는 팬의 경우, 굿즈를 구입하기로 약속한 다른 팬이 돈만 받고 물건은 주지 않는 것 아니냐며 의심하면 판매하는 팬은 상처를 받는다. 이런 관계에서 팬들 간의 신뢰는 형성되기 어렵고 만일 이런 식으로 자주 신뢰가 깨진다면 아마 팬덤은 유지되기 어려울 것이다.

팬들이 스타가 사회적으로 바람직한 언행을 해서 사람들의 귀감이 되기를 바라는데, 스타 역시 팬들의 기대에 부응하여 국가에 전염병이 돌거나 재해가 발생했을 때 기부를 통해 영향력을 행사한다. 팬들은 스타가 자신들의 기대를 충족시킨 것에 보답하기 위해 십시일반 기부금을 모아 스타의 이름으로 기부를 하고 봉사활동을 한다. 호혜성의 원칙이 성립된 것이다. 스타는 팬들의 기대에 부응했고 팬들은 스타에 보답하기 위해 스타의 이름으로 선행을 한 것이다.

만일 팬덤 내에서 호혜성의 원칙이 성립되지 않으면 어떻게 될까. 스타는 팬들의 기대에 부응하려는 노력을 하지 않고 팬들 역시 스타에게 실망을 하고 점차 신뢰는 깨질 것이다. 호혜성의 원칙이 성립되지 않는 팬덤은 오래 지속될 수 없다.

팬들은 팬덤 내에서 다른 팬들, 스타, 기획사와 크고 작은 관계를 맺는다. 특히 팬들은 온라인을 통해 다른 팬들과 활발하게 정보를 공유하고 오프라인에서 직접 만나 스타를 위한 활동을 함께 한다. 처음에는 온라인상의 아이디를 통한 작은 연결에 불과하지만 오프라인에서 직접적인 만남을 통해 관계를 확장하고 다른 여러 팬들과 다양하게 연결된다. 만약 네트워크가 없으면 스타에 대한 정보공유가 활발하지 못할뿐더러 팬들 사이의 교류도 불가능하며 팬들은 스타를 위한 활동을 하기 어려워진다.

이처럼 신뢰, 호혜성, 네트워크는 사회자본이 형성되고 유지되기 위한 요건이며, 팬덤활동에서도 마찬가지이다. 팬덤 내에서도 신뢰와 호혜성, 네트워크가 없다면 팬덤은 지속될 수 없을 것이다. 이상 사회자본의 구성요소와 팬덤에 대해 살펴보았다. 이 장의 앞부분에서 언급한 논문에서 사회자본의 차원과 팬덤의 관계에 대해 언급했는데 사회자본의 차원이란 인지적 사회자본, 관계적 사회자본, 구조적 사회자본을 의미한다. 이제 사회자본의 세 가지 차원과 팬덤의 관계에 대해 살펴본다.

3. 사회자본의 차원과 팬덤

사회자본의 차원에 대한 논의는 나하피에트와 고샬(Nahapiet & Ghoshal, 1998)에서 시작되었다. 이들은 사회자본의 차원을 인지적 사회자본, 관계적 사회자본, 구조적 사회자본으로 구분했다. 인지적 사회자본은 사회 구성원이 공동의 목표나 가치, 언어 등을 공유해서 얻을 수 있는 자원을 의미한다. 사회 구성원은 목표, 가치, 언어를 공유하면서 집단의 목표와 같은 비전을 공유한다. 인지적 사회자본은 사회 구성원이 공통된 목표를 가지고 문화를 공유한다는 점이 핵심이다. 공통된 목표는 어떤 결과를 달성하기 위해 사회 구성원이 결과에 대한 접근을 공유하는 것이고, 문화를 공유한다는 것은 어떤 행동을 할 때의 규범이 구성원 간 관계에서 역할을 한다는 것을 의미한다. 공통된 목표를 가지고 문화를 공유하기 위해서는 구성원들의 언어 공유가 필요하다.

팬덤활동에서도 인지적 사회자본을 찾아볼 수 있다. 팬덤은 같은 스타를 좋아하는 팬들이 모여 이루는 하나의 공동체 집단이다. 그들은 스타를 위해 활동하며, 스타에게 이익이 되는 일을 하려는 공통의 목표와 비전을 가진다. 또 스타를 위해 자선단체에 거액의 기부를 하기도 한다. 이때 기부는 어느 한 팬의 기부금으로만 이루어지는 것이 아니라 스타를 위한다는 목표를 공유하는 팬들이 십시일반으로 조금씩 기부금을 모아 기부를 하는 것이다. 스타를 위해 스타의 이미지를 관리해서 스타에게 이익이 되는 행동을 한다는 공통된 목표가 없다면 이와 같은 팬들의 행동은 불가능할 것이다.

또한 팬덤 내에서도 공유하는 문화가 있다. 팬픽을 예로 들면, 팬들은 팬픽을 통해 스타를 통한 성적 판타지를 충족하지만 팬픽 내에서 스타의 이성애를 허용하지 않는다. 이와 같은 암묵적인 규범은 팬픽을 읽는 독자들 사이에서 지켜야 하는 규범이며, 지키지 않을 때 팬픽 작가는 팬들에게 받을 많은 비난을 감수해야 한다.

팬덤 내에서 스타에 대한 다양한 정보가 교환되고 결합되어 재생산되기 위해서는 팬들 간, 팬들과 스타 간에 언어가 서로 공유되어야 한다. 만약 언어가 공유되지 않아 서로 소통되지 않는다면 공통의 목표를 달성하기 어려울 것이다. 최근 팬덤활동의 특징은 온라인을 통해 전 세계 곳곳에서 국적이 다른 팬들끼리 만남이 가능하다는 점이다. 국적이 서로 다른 팬들이 스타에 대한 정보를 공유하고 스타를 위해 활동하기 위해서는 언어가 공유되어야 한다. 팬들은 스타에 대한 정보를 다국어로 번역해서 온라인에 게시하기도 하고, 특별한 재능이 있는 일부 팬들은 스타의 동영상에 직접 다국어 자막을 달아 배포하기도 한다. 국적이 서로 다른 팬들은 언어를 공유하면서 스타를 위한 공통된 목표를 달성하기 위해 노력하고, 팬덤 내 규범을 지키면서 팬덤 구성원들 간의 문화를 공유한다. 이것은 팬덤이 인지적 사회자본을 가지고 있음을 잘 보여 준다.

관계적 사회자본이란 구성원들이 상호작용해서 형성되고 발전하는 관계적 특성을 의미한다. 관계적 사회자본이란 구성원들

간의 신뢰, 규범, 정체성 등의 의미로 받아들여진다. 관계적 사회자본의 핵심은 신뢰이며, 신뢰는 사회 구성원들 사이의 관계적 특성을 잘 보여 준다. 구성원 간에 신뢰가 끈끈하면 정보를 습득해서 활용하기 용이하며 그 결과 사회는 긍정적으로 발전할 수 있다.

팬덤 내에서 신뢰는 중요한 자산이다. 팬들 간 신뢰가 없으면 스타를 위한 집단행동을 하는 데 불리하다. 팬들은 짧게는 몇 개월에서 길게는 몇 년씩 이루어지는 팬덤활동을 통해 그동안 알지 못했던 낯선 다른 이들과 관계를 맺고 스타를 위한 여러 활동을 하면서 점차 신뢰를 쌓아간다. 콘서트에서 스타를 상징하는 풍선을 들고 목이 터져라 응원하며 다른 스타의 팬들과 경쟁하는 것, 스타에게 문제가 생겼을 때 팬들끼리 단합해서 스타의 문제를 대신 해결해 주기 위해 노력하는 행동 등은 팬들 간의 신뢰가 없으면 어려운 일이다.

오랫동안 교류하면서 관계적 사회자본을 많이 형성한 팬들은 스타를 위한 일뿐만 아니라 개인적 고민을 다른 팬들에게 털어놓고 조언을 얻기도 한다. 특히 대학 입시를 앞둔 청소년 팬들은 성인 팬들에게 입시에 대한 조언과 응원을 얻고 힘을 받아 좋은 대학에 입학하기도 한다. 팬들 간의 신뢰가 돈독하면 스타에 대한 정보를 포함해서 생활에 도움이 되는 유용한 정보를 얻고 활용하여 재생산하기가 용이하며, 그런 팬들로 구성된 팬덤은 오랫동안 우호적인 관계를 지속하는 특징이 있다. 팬들은 다른 팬들과 빈번한 교류를 통해 신뢰를 쌓고 관계적 사회자본을 형성한다.

구조적 사회자본은 네트워크가 존재하는지, 사회 구성원이 전반적으로 어떻게 연결되었는지를 의미한다. 구조적 사회자본은 연결망과 연결구조를 포함하는데, 상호작용 구조에서 구성원의 연결성, 관계를 맺는 빈도, 관계의 긴밀성 등을 포함한다. 구조적 사회자본이 있는 관계는 유용한 정보를 습득할 가능성이 높다. 구조적 사회자본을 파악하는 방법에는 네트워크의 구조나 형태를 살펴보는 방법과 연결망의 강도를 살펴보는 방법이 있다. 한마디로 구조적 사회자본은 구성원들이 연결되어 있는 전체적인 패턴을 의미하는데, 구성원들이 자주 교류할수록 구조적 사회자본이 형성되기 쉽다.

팬들은 온라인을 통해 스타에 대한 정보를 활발하게 공유한다. 여러 가지 SNS를 통해 스타의 동영상이나 스타의 프로필, 기사, 인터뷰 자료, 그리고 스타가 지금 어디에 있는지까지 공유하며 언어가 다른 팬들을 위해 직접 다국어 번역을 해서 게시하기도 한다. 팬들은 전 세계 어디에 있든지 스타에 대한 정보를 손쉽게 공유할 수 있고 덕분에 구조적 사회자본을 형성하기 쉽다.

팬들은 빈번하고 오랜 상호작용을 통해 서로 끈끈한 신뢰관계를 맺고 있다. 또한 인터넷을 통해 스타에 대한 정보를 언제 어디서든 손쉽게 얻고 활용할 수 있다. 이것은 팬덤이 인지적·관계적·구조적 사회자본을 잘 형성하고 있음을 보여 주며, 그들의 관계를 통해 팬덤이 한층 더 발전된 단계로 나아갈 수 있음을 예상하게 한다.

이 장에서는 사회자본과 청소년 팬덤문화의 관계를 살펴보았다. 사회자본과 팬덤문화의 관계에 대한 2013년의 연구를 살펴보았고, 사회자본의 구성요소와 팬덤문화, 사회자본의 차원과 팬덤문화의 관계를 이어서 살펴보았다. 청소년 팬들은 성인 팬들과 다르게 부모님의 허락 하에 활동할 수 있으며, 경제적으로 자유롭지 못한 미성년자이다. 그래서 언뜻 청소년 팬들은 그들의 마음처럼 팬덤활동을 활발하게 하지 못할 것이고 따라서 팬덤활동을 그들의 사회자본으로 생각하기에 무리가 있을 수 있다. 그러나 그런 생각과 달리 청소년 팬들은 팬덤활동, 특히 온라인상에서 스타를 위한 활동에 아주 열성적으로 참여한다. 단순히 스타를 위한 정보를 공유하고 활용하는 것을 넘어서서 직접 팬픽 작가로 활동하거나 굿즈를 제작해서 온라인으로 판매함으로써 팬덤 내에 자신의 존재감을 드러내기도 한다. 그 과정에서 경제적인 이익을 얻기도 하고 진로를 찾기도 하며 다른 팬들과 오랜 기간 지속적으로 교류하면서 끈끈한 신뢰관계를 유지해가기도 한다.

나는 청소년에게 팬덤활동이 전부라고 주장하는 것은 아니다. 청소년에게는 여전히 부모님, 학교 친구들, 선생님과 같은 가정과 학교 사회자본이 있으며 이들 사회자본은 당연히 청소년에게 중요한 영향을 미친다. 기존의 사회자본에 더해 팬덤활동 역시 하나의 새로운 청소년의 사회자본이 될 수 있으며, 따라서 청소년의 팬덤문화에 대해 조금 더 열린 시각으로 보아야 한다는 점을 강조하고 싶다.

팬덤활동이 청소년에게 어떤 의미를 지니는지 생각해 보고, 팬덤활동 경험이 있다면 동료들과 이야기를 나누어 보자. 그리고 청소년에게만 팬덤활동이 의미가 있는지, 성인에게 팬덤활동은 어떤 영향을 미치는지 생각해 보자.

청소년에게 팬덤활동은 다양한 관계를 맺을 기회가 되고 때로는 진로를 찾는 데 도움을 주기도 한다. 아주 어렸을 때부터 스타를 좋아했던 일부 청소년은 스타와 관련된 학과에 진학해서 관련 직업을 갖기를 희망하고 꿈을 이루기 위해 노력한다.

최근 트로트가 크게 유행하면서 트로트 가수를 좋아하는 중장년층도 부쩍 늘어났고 일명 '아줌마, 아저씨 팬'도 직접 스타의 팬클럽에 가입하여 열심히 활동한다. 자녀들을 다 키워 독립시키고 이미 사회적 지위와 경제력을 가진 중장년층에게 팬덤활동은 어떤 의미를 지닐까. 중장년층 팬들은 스타를 보며 '딸 같은, 며느리 삼고 싶은' 또는 '아들 같은, 사위 삼고 싶은' 사람이라고 이야기를 하며 자신도 모르게 자녀와 스타를 비교하기도 한다.

청소년은 인터넷 기기에 익숙하고 새로운 정보를 빠르게 받아들이는 반면 중장년층 성인은 SNS, 유튜브, 스마트폰 등과 같은 미디어가 새롭고 청소년보다 학습하는 속도가 느릴 수 있다. 그러나 팬덤활동을 하는 중장년층은 새로 접하는 미디어, 지식이 어렵기보다는 즐거움으로 느끼는 듯하다.

자라온 시대가 다른 청소년과 중장년층 성인이 팬덤활동을 하게 되는 이유에는 비슷한 점도 있고 다른 점도 있다고 생각한다. 따라서 당연히 팬덤활동이 그들에게 미치는 영향도 유사점과 차이점이 있을 수밖에 없다. 환갑이신 나의 어머니가 최근 어떤 남자 트로트 가수를 열렬히 응원하고 계신 모습을 보면 누군가를 좋아하는 마음은 세대와 상관이 없다는 생각이 들기도 한다.

나는 청소년의 팬덤문화를 주로 이야기하지만 곧 중장년층의 팬덤활동에 관심을 갖는 연구자들이 많이 나와 그들의 문화에 대해 연구해 주기를 기대한다.

참고문헌

주경희·이소영·김향미·서정치(2013). 사회 자본으로서의 온라인 팬덤 문화. 《문화산업연구》, 13(4), 115-124.

Emirbayer, M., & Goodwin, J.(1994). Network analysis, culture, and the problem of agency. *American Journal of Sociology, 99*(6): 1411-1454.

Gambetta, D.(1988). Mafia: the price of distrust. in Diego Gambetta, (Ed.). *Trust. Making and breaking cooperative relations*. Blackwell.

Nahapiet, J., & Ghoshal, S.(1998). Social capital, intellectual capital, and the organizational advantage. *Academy of Management Review, 23*(2), 242-266.

Sahlins, M.(1972). *Stone Age Economics*. Aldine-Atherton.

청소년 팬덤문화의 이해

청소년 팬덤문화의 이해

행복은 이미 만들어져 있는 것이 아니다.

행복은 당신의 행동에서 나온다.

— 달라이 라마

초록색 안경을 쓰고 보면 세상이 온통 초록색으로 보이고, 파란색 안경을 쓰고 보면 온통 파란색으로 보인다. 즉, 어떤 관점으로 현상을 바라보느냐에 따라 해석이 달라질 수밖에 없다는 것이다. 또 눈을 감고 코끼리의 일부를 만지면 코끼리인지 알 수 없지만, 전체적으로 보면 코끼리이다. 바라보는 관점에 따라 청소년 팬덤문화에 대한 해석은 달라질 수 있다. 하지만 여러 관점을 한데 모아 비교해 보면 관점의 차이는 결국 청소년 팬덤문화를 이해하는 방식의 차이에 지나지 않음을 알 수 있다. 심리학, 교육학, 사회학적 관점에서 청소년의 팬덤문화를 어떻게 이해할 수 있는지 알아보자.

1. 심리학적 이해

팬덤문화에 대해 정신분석학적 접근을 취하는 관점에서는 주로 프로이트의 투사, 전이 등의 개념을 사용해서 팬덤을 설명한다. 또한 최근에는 자아심리학을 활용해서 팬덤활동을 설명하기도 한다. 프로이트식으로 팬덤활동을 설명하는 입장에서는 팬덤을 병리적인 현상으로 본다. 반면 자아심리학의 관점에서는 어린 시절의 팬덤활동에 대해 설명할 수 있지만 성인 이후의 팬 활동에 대해서는 충분히 설명할 수 없다. 여기서는 청소년 팬덤문화에 대한 두 가지 관점을 받아들이면서도 조심스럽게 아들러식으로 팬덤활동에 접근해 보겠다.

아들러(Adler)는 프로이트, 융과 함께 현대 심리학 분야에 중요한 영향을 미친 심리학자로 꼽힌다. 프로이트가 생물학적 결정론을 강조했다면, 아들러는 인간이 사회적 존재이며 목적지향적이고 총체적 존재임을 강조했다. 인간은 태어나면서 타인에게 의존해서 돌봄을 받는데, 다양한 사람들의 관계 속에서 성장하면서 열등감을 극복하고 자기완성을 추구한다고 설명했다. 인생을 보다 더 의미있게 만들기 위해서는 개인의 선택과 책임이 중요하다는 것이다. 아들러에 따르면, 인간은 사회적 존재이며 어떤 목적을 가지고 행동한다. 또한 인간은 정신과 신체로 구성된 전체적인 존재이며 창조적이고 능동적인 행위자이다. 아들러는 열등감, 우월성 추구, 사회적 관심, 인생과제, 초기기억, 생활양식 등의 개념을 강조하면서 개인심리학 이론을 정립했다.

아들러에 따르면 개인에게 초기기억이 중요해서 어린 시절 부모 또는 양육자의 역할이 중요하다. 가구소득과 학대, 방임은 청소년 자녀에게 영향을 미칠 수 있는 부모 요인으로서 가구소득의 경우 부모의 양육태도에 영향을 미칠 수 있다. 아들러는 가구소득과 같은 가정의 자원이 풍부하면 자녀의 환경에 긍정적인 영향을 미칠 수 있음을 부인하지 않았다. 또 개인의 열등감은 보편적이며 우월감을 추구할 수 있는 원동력이 된다고 했다. 그뿐만 아니라 개인에게 사회적 관심은 필수적이어서 공동체감이 부족하면 심리적인 문제가 생길 수 있다고 보았다. 우정 어린 관계는 개인이 사회적 관심을 충족시키는 관계 중 하나인데, 아들러가 제시한 주요 인생과제 중 하나이기도 하다. 청소년에게 우정 어린 관계를 맺을 수 있는 가장 직접적인 대상은 친구이며, 청소년은 친구 관계를 통해 우정 또는 사랑을 충족시킬 수 있다. 따라서 청소년이 친구 관계를 잘 맺지 못하면 사회적 관심을 충족시키지 못하고 이것은 열등감 콤플렉스로 이어지기도 하며 이런 어려움은 성인이 된 이후에도 영향을 미칠 수 있다.

친구 관계뿐만 아니라 팬덤활동으로 맺어진 관계도 청소년이 사회적 관심을 충족시키는 관계로 볼 수 있다. 같은 스타를 좋아하지만 전혀 알지 못했던 다른 청소년, 성인들과 관계를 맺으면서 우정, 사랑 등을 충족하고 공동체감을 형성할 수 있다. 가정과 학교에서 청소년들이 열등감을 극복하고 사회적 관심을 충족시키기 어렵다면 외부활동을 통해 만족시키는 방법이 대안이 될 수 있다. 그중 팬덤활동은 각 개인의 나이, 직업, 학력, 사회적

알프레드 아들러Alfred Adler / 1870~1937

오스트리아 빈에서 출생한 개인심리학의 창시자이다. 처음에 프로이트가 초대한 토론 그룹에 참여했지만 그의 이론에 반대해서 분파했다. 아들러는 '인간은 누구나 열등감을 가지고 있으며, 열등감을 극복하려고 노력하는 과정에서 생활양식이 형성된다'라고 주장했다. 그가 창시한 개인심리학은 오늘날까지 심리학, 상담학, 교육학 등 여러 분야에 많은 영향을 주고 있다.

개인심리학의 주요 개념

개념	설명
열등감	열등감은 모든 병리현상의 일차적 원인이며 다양한 병리현상은 열등감에 대한 이차적 반응이다. 열등감 자체가 중요하다기보다는 열등감을 어떻게 수용하고 대응해 나가느냐가 중요하다. 열등감은 인간이 지닌 잠재능력을 발달시키는 자극제이자 촉진제이며 인간은 누구나 열등감을 가지고 있다. 열등감을 발전적인 방향으로 극복하지 못하면 '열등감 콤플렉스'를 보일 수 있다. 열등감 콤플렉스의 원천은 기관열등감, 과잉보호, 양육태만이다. 기관열등감이란 신체적인 장애나 만성적인 병에서 오는 열등감이며, 과잉보호된 아동은 수동적이고 자신감이 부족하며 자신에게는 문제해결능력이 없다고 생각한다. 양육태만으로 자란 아동은 자신이 가치 없는 사람이라는 열등감을 갖게 된다.
우월성 추구	우월성 추구란 모든 인간이 문제에 직면했을 때 부족한 것은 보충하며, 낮은 것은 높이고, 미완성의 것은 완성하며, 무능한 것은 유능하게 만들려는 경향성(이형득, 1994)이다.
사회적 관심	소속감과 유사한 개념으로 타인과의 협동, 관심, 사회적 관계, 집단과 동일시, 배려 등 타인을 위하는 관심과 태도이다.
인생 과제	모든 사람이 직면하는 인생과제가 있으며, 인생과제는 일과 직업, 우정, 사랑, 영성, 자기지향이다. 일, 우정, 사랑은 타인과 조화를 이루는 데 필요하다.
초기 기억	초기기억은 초기 6개월에서 8세까지 선별된 기억들로 개인의 삶에 중요한 영향을 미치는 인생의 이야기이며, 초기기억에서 나타난 행동과 정서, 목표는 삶의 전반에 거쳐 반복된다(Adler, 1931).
생활 양식	생활양식은 한 인간의 삶의 목적, 자아개념, 가치 태도 등 개인의 특성을 설명하는 개념(Mosak & Maniacci, 1989)이다. 어릴 때 자신의 우월 또는 완전의 목표를 이루기 위해 스스로 창조한 삶의 계획이며, 생활양식은 4~5세에 틀이 형성되고 그 후에는 거의 변하지 않는다(Adler, 1956). 생활양식에는 지배형, 기생형, 회피형, 사회적 유용형이 있다.

지위 등과 같은 배경보다 같은 스타를 좋아하는지가 집단 형성의 중요한 기준이 된다. 따라서 팬덤활동이 청소년에게 열등감을 극복시키고 공동체감을 형성하게 해 주는 하나의 대안이 될 수 있다.

(1) 열등감과 팬덤문화

아들러는 누구에게나 열등감이 있으며 열등감을 어떻게 극복하는지가 중요하다고 했다. 열등감을 극복하는 데 실패하면 열등감 콤플렉스에 빠질 수 있으며, 개인은 심리적 어려움을 경험할 수 있다는 것이다. 팬들은 팬덤활동을 통해 자신의 인정욕구를 성취하기도 한다. 팬픽 작가로서 다른 팬들에게 인정받기도 하며, 다양한 종류의 굿즈를 제작해서 판매하기도 한다. 기부를 통해 사회에 도움이 되는 일을 한다는 보람을 느끼기도 하는데, 팬들은 이런 팬덤활동을 통해 각자 지니고 있는 열등감을 극복하려고 노력한다.

(2) 우월성 추구와 팬덤문화

개인은 열등감을 극복하기 위해 우월성을 추구한다. 스타에게 어떤 문제가 생겼을 때 팬들이 직접 나서서 스타의 문제를 해결해 주기도 하는데 그 과정에서 팬들은 자신이 어떤 문제도 해결할 수 있다는 자신감을 얻고 우월감을 느끼게 된다.

(3) 사회적 관심과 팬덤문화

모든 인간에게 사회적 관심은 중요하다. 개인은 사회적 관심을 충족시키기 위해 다양한 사회관계에 참여하고 공동체감을 달성해서 심리적인 만족을 얻는다. 그러나 열등감을 극복하려고 지나치게 노력하다가 열등감 콤플렉스에 빠진 개인은 사회적으로 위축되어 사회관계를 회피하게 된다. 아들러식으로 해석하면 팬덤활동은 현대적인 의미의 사회관계가 될 수 있다. 팬들은 팬덤활동을 통해 사회적 관심을 충족시켜서 심리적인 만족을 얻을 수 있다. 사회적으로 위축된 개인은 사회관계를 회피한다고 알려져 있지만, 위축된 개인에게 팬덤활동은 하나의 탈출구로서 그들이 다시 사회적 관심을 회복하는 데 도움을 줄 수 있다. 팬덤활동은 다른 사회관계와는 다르게 같은 스타를 좋아하기만 하면 나이, 성별, 국적, 지위 등에 상관없이 다른 사람과 교류할 수 있다. 위축된 개인이 스타를 좋아하기만 하면 그가 어떤 배경을 가졌는지와는 관련 없이 온라인으로든 오프라인으로든 타인과 관계를 맺을 수 있다.

(4) 인생과제와 팬덤문화

아들러는 모든 인간에게는 직면하는 인생과제가 있다고 설명한다. 아들러가 제시한 주요 인생과제는 일, 우정, 사랑이다. 일과 우정, 사랑을 통해 사람들은 사회적 관심을 충족하고 적절한 생활양식을 발달시킨다. 팬들은 팬덤 내에서 어떤 일거리를 맡아 할 수도 있으며, 청소년 팬들은 팬덤활동 경험을 바탕으로 진로를 찾기도 한다. 또한 팬들은 팬덤 내에서 다른 팬들과 온라인, 오프라인으로 빈번하게 관계를 맺고 이 관계는 길면 수년 동안 지속되기도 한다. 그 과정에서 우정을 쌓을 친구를 만나기도 하고 사랑하는 연인을 만나기도 한다. 팬들은 팬덤활동을 통해 일과 우정, 사랑이라는 인생과제를 해결하는 기회를 얻을 수 있다.

(5) 초기기억과 팬덤문화

아들러는 인간의 초기기억이 이후의 삶에 영향을 미친다고 설명했다. 생의 초기에는 주로 부모와 관계를 맺는데 부모, 특히 어머니와의 관계는 무조건적이다. 생의 초기 어머니와 무조건적인 사랑을 경험했던 개인은 이후에도 무조건적인 사랑을 추구하게 될 수 있다. 일부 팬들은 팬덤활동을 통해 무조건적인 사랑을 경험할 수 있다고 설명한다. 대가를 바라지 않고 스타를 좋아하기에 스타를 위해 활동할 수 있다고 설명한다. 이것은 생의 초기에 어머니와 무조건적 사랑을 했던 경험을 재경험하기 위한 것으로 해석된다.

(6) 생활양식과 팬덤문화

사람은 자신의 우월욕구를 추구하는 과정에서 자신에게 맞는 생활양식을 발달시켜 나간다. 이 생활양식은 긍정적일 수도, 파괴적일 수도 있다. 팬덤활동을 통해 인생과제를 적절하게 해결해서 열등감을 극복하고 인정욕구를 만족시킨 팬들은 그들에게 적절한 생활양식을 발달시킬 기회를 얻는다.

(7) 개인심리학의 주요 개념과 팬덤문화

아들러는 사람이 열등감을 극복하는 과정에서 다양한 사회관계를 통해 사회적 관심을 충족시키며, 일과 사랑, 우정이라는 인생 과제를 해결하여 적절한 생활양식을 발달시켜 간다고 주장했다. 그리고 초기기억이 한 사람의 삶 전반에 걸쳐 영향을 준다고 설명했다. 팬들은 초기기억의 영향을 받는 팬덤활동이라는 사회관계를 통해 열등감을 극복하고 사회적 관심을 충족하며 인생과제를 해결할 기회를 얻는다. 그 결과 자신에게 유용한 생활양식을 발달시킬 기회도 많아지며 결국 더욱 행복한 삶을 영위할 수 있다.

이상으로 아들러의 개인심리학의 주요개념과 팬덤문화의 관계를 살펴보았다. 다음은 콜먼의 사회자본이론을 중심으로 청소년의 팬덤문화를 알아보자.

2. 교육학적 이해

콜먼의 사회자본 개념은 원래 학교 효과성을 높이기 위한 방안으로 소개되었다. 지금은 사회자본이 각 학문 분야에서 널리 쓰이는 개념이 되었지만, 원래는 미국 학교 학생들의 중도탈락률의 원인을 알아내고 대책을 세우는 과정에서 콜먼이 제시한 개념이었다. 현재 사회자본은 만병통치약 쯤으로 여겨지고 있지만 콜먼이 처음 제기했을 때의 소박한 개념으로 돌아갈 필요가 있다고 오욱환(2013)은 설명했다.

콜먼의 사회자본이론은 1장에서 이미 설명했다. 콜먼(1988)에 따르면 사회자본은 개인이 관계를 맺음으로써 형성되는 특수한 형태의 자원이다. 그는 사회자본의 구성요소로 상호신뢰감을 바탕으로 한 의무와 기대, 정보유통능력, 구성원을 제재할 수 있는 규범을 제시했다.

청소년에게 주로 언급되었던 사회자본은 부모 관계, 선생님과의 관계, 친구 관계, 종교 등이었다. 청소년에게 경제자본이 가구소득 등과 같이 직접적으로 영향을 미치는 형태라면, 사회자본은 개인 간 관계를 통해 형성되는 자원으로 볼 수 있다. 그러나 청소년에게 경제자본과 사회자본은 밀접하게 관련되어 있다.

팬덤활동도 청소년에게 하나의 사회자본이 될 수 있다. 한 스타의 팬덤 내에는 10대 청소년, 대학생, 직장인, 누나, 삼촌 등과 같은 다양한 구성원이 있다. 직장인과 같이 경제력이 있는 성인 팬은 청소년과 다르게 스타와 관련된 비싼 기념품을 구입할 수 있으며, 스타에게 명품을 선물할 수도 있다. 그러나 공연장에 직접 찾아가 목소리를 높여 응원하기는 다소 부끄러워하는 경향이 있다. 청소년 팬은 비싼 상품을 구입하기 어렵지만 공연장에 직접 찾아가 풍선을 들고 목이 터져라 스타를 응원할 수 있다. 이렇게 성인 팬과 청소년 팬은 처한 상황이 다르기 때문에 이질감이 느껴질 수도 있다.

A: "저는 NCT나 레드벨벳 팬들 같은 다른 아이돌 팬덤이랑도 친해요. 저와 어울리는 팬 분들은 연령대가 비슷한 편이에요. 저는 학생분들보다는 성인분들과 어울리려고 해요. 청소년 분들은 만나자고 하기에는 어리셔서요. 청소년 팬분들 중에는 고3 수험생도 있고 아니면 그보다 더 어린 미성년자도 있어서 뒤풀이 같은 행사에 같이 가기가 좀 불편하더라고요. 콘서트가 끝나면 당일에 성인들끼리 뒤풀이가 있는데 일행 중에 미성년자가 있으면 그 분에게 신경을 써야 하니까 주로 성인 분들과 어울리려고 해요. 또 미성년자분들은 주로 용돈을 받아서 생활하셔서 지출을 고민하시기 때문에 그런 점들 때문에 성인 분들과 교류하는 편이에요."

B: "주로 트위터로 다른 팬들과 교류했어요. 사진 올리는 홈마나 아카이브형 계정만 보다가 대학생 되고 나서는 오프라인 활동도 시작하게 되었어요. 사전 녹화도 갔고, 스타가 영화를 찍으면 무대인사에도 갔어요. 대학생이 된 후로는 오프라인 활동을 많이 참여하다 보니 정보를 빨리 얻는 게 중요하다는 것을 알았어요. 그리고 행사 장소에 처음 가면 많이 어색하고 뭐가 뭔지를 잘 모르잖아요. 다른 팬들이 있으면 모르던 것도 알기 쉽고 덜 어색하니까 오프라인 활동에 참여하면서 트위터 활동을 더 열심히 하게 된 것 같아요."

하지만 청소년 팬들은 스타가 어떤 어려운 상황에 처해 있을 때 성인 팬들이 직접 나서서 문제를 해결해 주기를 기대한다. 변호사를 고용하거나 스타에 대한 루머를 잠재워 주는 등의 문제 해결을 바란다. 그리고 성인 팬들은 자신들 대신 청소년 팬들이 공연장에 찾아가 스타가 다른 스타에게 뒤처지지 않도록 열심히 응원해 주기를 기대한다. 청소년 팬들과 성인 팬들의 관계는 콜먼이 설명한 사회자본의 구성 요소 중 신뢰감을 바탕으로 한 의무와 기대와 유사한 면이 있다.

또한 일부 정보력이 뛰어난 팬들은 스타의 스케줄을 미리 파악해서 가는 곳마다 따라다니며 응원하기도 하고 집 앞에서 숙식을 해결하기도 한다. 이들 중 일부는 다른 팬들보다 잘 알려지지 않은 스타의 정보를 많이 알아낼 수도 있다. 스타에 대한 고급 정보를 많이 가진 팬들은 팬덤 내에서도 우위를 차지한다. 이러한 팬덤활동의 특징은 콜먼이 설명한 사회자본의 구성 요소 중 정보유통능력과 비슷하다.

팬들은 팬픽이라는 스타에 대한 소설을 쓰면서 즐기기도 하고 자신의 진로를 찾아나가기도 한다. 팬픽은 스타의 팬이라면 한 번이라도 읽어 보지 않은 사람이 없을 정도로 팬덤 내부에서 인기가 있으며, 일부 팬들은 팬픽에 심취하여 몰두하다가 문예창작과 같은 쪽으로 진로를 결정하기도 한다. 팬픽을 쓰는 팬들에게는 그들만의 규칙이 있다. 팬픽의 주인공인 스타에게 이성애를 허용하지 않으며 주인공은 팬픽 내에서 그룹 내 멤버들의 이미지를 가지고 역할을 부여받아 동성애적 사랑을 나눈다는 것이다. 이런 특징은 콜먼의 사회자본 구성 요소 중 규범과 유사하다.

팬덤은 콜먼이 설명한 폐쇄적인 네트워크와 유사하다. 팬들은 잡팬을 좋아하지 않으며, 팬덤 내에서도 자신들을 구분 짓는다. 스타와 자주 접촉하면서 고급 정보를 많이 소유하고 있는 팬들은 상위 위계를 차지하고 다른 팬들에게 영향력을 행사한다. 예전 god와 같은 그룹들이 소속사와의 분쟁 등으로 법적인 문제가 생겼을 때 팬들은 팬덤 내부의 법 관련 전문가 등과 직접 문제를 해결하려는 모습을 보이기도 했다(박은경, 2003). 성인 팬들은 청소년 팬들과도 교류를 하면서 그들이 학교생활 등으로 고민할 때 적절한 조언과 도움을 주기도 한다.

부모, 교사, 친구 관계, 종교 등이 기존에 자주 언급되었던 청소년의 사회자본이라면, 팬덤활동은 그보다 현대적인 의미의 사회자본으로 볼 수 있다. 청소년들은 가정과 학교에서 벗어나 배경은 다르지만 같은 스타를 좋아하는 다른 10대, 성인들과 관계를 맺는다. 팬들의 성향에 따라 다르기는 하지만 길게는 수년까지 팬덤활동을 지속한다는 것을 고려한다면, 팬덤활동은 지금의 청소년에게 이전에는 보기 어려웠던 강력한 사회자본을 형성하도록 도와준다고 볼 수 있다.

3. 사회학적 이해

부르디외는 사회학적 관점에서 취향을 해석했다. 취향이 계급을 분류하고 계급을 분류하는 사람의 계급을 분류한다고 주장했다. 그는 그의 저작 《구별짓기》를 통해서 프랑스인들이 자신이 속한 계급에 따라 관심을 갖는 대상이 다름을 밝혔다. 부르디외에 따르면 사람들은 가까운 사람과도 '취향'을 통해서 구별 짓기를 한다. 사람들은 스스로를 구별 지을 수 있는 문화자본을 축적하며 문화자본을 통해 자신의 위치를 드러내 보이려고 노력한다. 부르디외의 이론을 팬덤현상에 적용시켜 보면, 특정 연예인을 지지하는 팬들은 연예인을 좋아함으로써 자신의 위치를 주장하고 다른 계급의 사람들과 구별 짓는다. 팬들은 스타에 대한 지식을 공유하면서 문화자본을 타인에게 드러낸다. 그러면서 다른 팬들과 혹은 팬이 아닌 이들과 자기 자신을 구별 짓는다.

A: "저는 스타에게 기억되고 싶은 게 아니었어요. 팬사인회에 갔을 때도 스타가 저를 기억해 주기를 바란 건 아니었고요. 그런데 저와 같이 갔던 친구들 중에 그렇게 구별 짓고 싶어 했던 사람들이 많았어요. 그래서 화장을 진하게 했는데, 화장만으로는 한계가 있었어요. 스타를 직접 볼 수 있는 기회가 있었던 중학생 때는 동물 잠옷을 입고 갔고, 고등학생 때부터 대학생인 지금까지는 배틀 그라운드 게임 의상을 입고 갔어요. 오버워치 코스프레를 하기도 했고요. 저는 예쁘게 꾸미거나 어떻게 입어서 기억되고 싶다기보다는 스타를 웃기고 싶었어요."

그러나 부르디외의 주장을 팬덤활동에 전적으로 적용하기는 무리가 있다. 예전 트로트 가수 장윤정의 〈어머나〉와 같이 크게 유행하는 노래들은 남녀노소 할 것 없이 모두 알고 있어서 그 노래로 구별을 짓기는 어렵다. 구별 짓기를 하려면 부르주아 지배 계급같이 선택된 소수만이 누리는 문화가 필요한데 앞서 말한 유행가는 워낙 잘 알려져 있어서 구별 짓기를 하기 어렵다. 그뿐만 아니라 부르디외의 주장을 적용하면 팬들은 이성적이고 합리적인 방법으로 팬덤활동을 시작하고 유지하는데, 사실 팬들은 그보다는 '내적 이끌림'로 팬덤활동을 시작하는 경우가 대다수이다.

A: "덕질은 누구를 덕질하고 싶다가 아니라 일단 치이면 덕질을 시작하는 거예요. 저희들은 결정을 하는 게 아니라 결정을 당한다고 표현을 해요. 어느 순간 스타를 보고 있고 스타가 좋은 거거든요."

문화자본론

부르디외는 문화가 사람들에게 내면화된 계급 구조의 지표로 기능한다고 주장했다(Bourdieu, 1979). 부르디외는 문화자본이 경제자본과 달리 간접적으로 자녀 세대로 이전된다고 주장하면서 이 과정을 통해 계급이 은밀하게 재생산된다고 설명했다. 개인의 문화수준은 문화자본을 통해 결정되며 이것은 계급의 불평등 관계를 유지하고 확산한다. 문화자본을 소유하기 위해서는 오랜 기간 많은 노력을 해야 하는데 경제자본과 달리 눈에 쉽게 띄거나 숫자로 계량화하기가 어려워 문화자본의 역할을 직접 알아보기는 쉽지 않다.

부르디외에 따르면 개인이 지배계급에게 인정되는 언어를 많이 활용할수록 문화자본을 많이 소유하고 문화자본의 분배와 전수방법도 보다 많이 통제할 수 있다(Bourdieu, 1977). 또한 부르디외는 문화자본이 교육을 통해서 사용되는 자본이며 따라서 교육수준이 높을수록 문화자본이 커진다고 주장했다.

한국 가정의 문화자본이 자녀의 학업성취에 어떤 영향을 미치는지 분석한 여러 연구에 따르면 우리나라는 외국과 달리 문화자본이 자녀의 학업성취에 미치는 영향이 크지 않은 것으로 보고되고 있다.

생각거리

이 장에서는 청소년 팬덤문화를 심리학적, 교육학적, 사회학적 관점에서 알아보았다. 심리학적 관점으로는 아들러의 개인심리학을, 교육학적 관점으로는 콜먼의 사회자본이론을, 사회학적 관점으로는 부르디외의 문화자본이론을 살펴보았다. 청소년 팬덤문화를 바라보는 심리학, 교육학, 사회학적 관점의 유사점과 차이점에 대해 생각해 보자.

청소년 팬덤문화에 대한 심리학적, 교육학적, 사회학적 관점의 공통점은 팬덤활동과 관계를 연결 지어 설명한다는 점이다. 심리학적 관점은 청소년의 팬덤활동이 '관계를 위한' 것으로, 교육학적 관점은 '관계 자체'라고 설명한다. 사회학적 관점에서는 팬덤활동을 통해 청소년들이 타인과 구별 짓는다고 설명하고, 이 구별 짓기는 '타인과 관계가 있어야' 가능한 것이다.

아들러의 개인심리학 이론에 따르면 사회적으로 무관심해서 사회관계를 피하는 개인은 열등감 콤플렉스와 같은 심리적 문제를 경험할 수 있다. 아들러는 인간이 목적지향적이고 전체적인 존재라고 설명하면서 인간은 사회적 관심을 충족시켜 공동체감을 형성해야 한다고 주장했다. 팬덤활동은 사회적 관심을 충족시키는 하나의 사회관계일 수 있다.

사회자본이론으로 유명한 콜먼에 따르면 사회자본의 구성요소는 상호신뢰감을 바탕으로 한 의무와 기대, 정보유통능력, 구성원을 제재할 수 있는 규범이며, 팬덤활동은 이들 요소에 부합하는 면이 있다. 청소년은 수개월에서 수년까지 지속하는 팬덤활동을 통해 팬들, 스타와 신뢰를 형성하며 서로 의무와 기대를 가지고 여러 정보를 수집하고 공유하며, 규범을 통해 서로의 행동을 제재한다.

문화자본이론으로 유명한 부르디외는 사회학적 관점에서 취향을 해석했다. 부르디외에 따르면 사람들은 가까운 사람과도 '취향'을 통해서 구별 짓기를 한다. 이 이론을 팬덤활동에 적용하면 팬들은 특정 스타를 좋아함으로써 자신의 위치를 주장하고 스스로를 다른 계급의 사람들과 구별 짓는다. 팬들은 스타에 대한 지식을 공유하면서 문화자본을 타인에게 드러내고, 이를 통해 다른 팬들과 자신을 구별 짓는다. 다른 스타의 팬들과 자신을 구별 짓기도 하고 같은 스타를 좋아하는 팬들 사이에서도 서로를 구별 짓는다. 결국 이런 구별 짓기는 다른 팬들, 스타와 관계가 있어야 가능한 것이다.

김정하(2015). 문화예술교육의 사회적 함의에 대한 내러티브 연구- 부르디외
　　의 문화자본론 관점에서 본 학교 무용교육을 중심으로-. 대구가톨릭대
　　학교 대학원 박사학위논문.

박은경(2003). 《god 스타덤과 팬덤》. 한울.

백현숙(2018). 초기기억 중심의 Adler 집단상담 프로그램 개발 및 효과. 목포
　　대학교 대학원 박사학위논문.

오욱환(2013). 《사회자본의 교육적 해석과 활용: 콜먼으로부터 그리고 그를
　　넘어서》. 교육과학사.

이형득(1994). 청소년 상담을 위한 상담학의 과제와 전망. 《청소년상담연구》, 2.

Adler, A.(1931). *What Life Should Mean to You*. Little, Brown, and Co.

Adler, A.(1956). *The Individual Psychology of Alfred Adler*. H. Ansbacher
　　& R. Ansbacher (Eds.). Basic Books.

Bourdieu, P.(1977). *Outline of a Theory of Practice*, trans. Richard Nice,
　　Cambridge University Press. 94-95.

Bourdieu, P.(1979). Symbolic power. *Critique of Anthropology, 4*(13-14),
　　77-85.

Coleman, J. S.(1988). Social capital in the Creation of human capital.
　　American Journal of Sociology, 94, 95-120.

Mosak, H. H., & Maniacci, M.(1989). Adlerian psychotherapy. *Current
　　Psychotherapies, 4*, 64-116.

어떤 이들은 분명 청소년의 팬덤문화와 사회자본을 연결한다는 시도를 받아들이기 힘들 것이다. 사회자본이라는 개념은 원래 콜먼이 학교 내 중도탈락과 학업저하에 대한 대책으로 연구했다. 그래서 혹자는 사회자본을 팬덤활동과 연결 지으면 사회자본에 대한 기존의 주장을 잘못 받아들인 것이라고 생각할 수도 있다.

한국사회는 교육열이 높고 좋은 성적을 받기 위한 경쟁도 치열하다. 학생들은 초등학교 입학 전부터 학원을 전전하며 하루 종일 공부에 매달리고 부모들은 그런 학생들이 숨실 틈조차 마련해 주지 않는 듯하다. 그래서 '학업중단숙려제'라는 제도를 두고 있음에도 학교부적응, 학업문제 등의 이유로 학교를 나오지 않는 학생들이 계속 증가하고 있다. 여기서 궁금증이 하나 생긴다. 불과 몇 년 전과 비교하더라도 학급당 인원이 눈에 띄게 줄었고, 학교 자체에서도 학생들을 위해 지원해 주는 여러 가지 복지가 늘었음에도 왜 학생들이 학교를 그만두고 싶어 할까. 여러 연구자들은 이미 그 원인 중 하나로 친구 관계, 집단 괴롭힘 문제 등을 언급했다. 학업 성적이 낮고 공부량이 많아도 학교 가는 것이 즐거우면 그만두고 싶다는 생각을 쉽게 하지 못할 것이다.

그러면 우리 학생들에게 학교에 가는 재미, 즐거움을 만들어 주면 어떨까. 나는 학생들에게 학교 가는 재미를 만들어 주는 가장 쉬운 방법은 친구 관계를 회복하도록 해 주는 것이고 그 도구 중 하나가 좋아하는 연예인에 대한 이야기, 팬덤활동을 통한 정보 공유와 지지라고 생각했다. 그래서 팬덤활동을 허용해 주되 부정적인 영향을 줄이고 학업과 잘 병행하도록 도와주는 일이 필요하다는 사실을 분명히 하고 싶었다.

사회자본과 청소년 팬덤문화는 13년간의 학업을 정리하며 출간하는 첫 책으로 나에게 큰 의미가 있다. 짧지 않은 기간 대학에서 공부하면서 나에게 중고등학교 시절은 어떤 의미가 있었는지 줄곧 생각해 보았다. 나는 고등학교 1학년 때 학교를 그만두고 검정고시를 보았다. 내 중고등학교 시절은 대부분의 청소년이 그렇듯 일부 기간을 제외하고는 거의 성적만을 바라보면 하루하루 버텨나가던 시간이었다. 그때는 연예인을 좋아하는 것도 좋아하는 음악을 듣는 것도 사치처럼 느껴졌다. 공부 이외에 다른 것을 한다는 건 마치 낙오자가 되는 것과 같은 기분이 들게 했다. 돌이켜보면, 나의 중고등학교 시절은 좋은 성적을 받았다는 것 외에는 별다른 의미나 즐거움이 없었던 것 같다.

최근 학교를 그만두는 청소년이 많아진다는 소식에 안타까우면서도 한편으로는 이해가 되었다. 이 책이 학교에서 어떤 의미나 즐거움도 찾을 수 없다고 생각하는 청소년에게 작은 희망이 되었으면 좋겠다.

청소년기 팬덤활동 경험이 있는 대학생 인터뷰 사례

1. A(여성, 대학생)

질문자 : 팬덤활동을 언제부터 하셨어요?

A   : 언니가 원래 아이돌을 좋아해서 초등학교 5학년인가 6학년 때 부터 저도 좋아하게 되었어요. 빅뱅을 좋아하다가 중학교 1학 년 때 다른 아이돌을 좋아했고 중학교 3학년 때 엑소를 좋아해 서 지금까지도 팬덤에서 활동하고 있어요. 팬덤활동이 공식 팬 클럽에 가입한 때를 말씀하시는 건가요?

질문자 : 집에서 응원하는 것을 포함해서 말씀해 주시면 돼요. 지금 팬클 럽 활동을 하고 계세요?

A   : 아이돌을 좋아하면서부터는 계속 팬클럽 활동을 하고 있어요.

질문자 : 빅뱅 좋아하다가 어떤 아이돌 좋아하셨어요?

A   : 3년 정도 틴탑을 좋아했어요.

질문자 : 어떻게 해서 좋아하는 아이돌이 바뀌신 거예요?

A   : 중학교 3학년 때 엑소를 좋아하게 되었어요. 그 해에 틴탑 멤버 사생활 문제가 터진 거예요. 그때 약간 현타가 와서 아이돌을 그만 좋아할까 했는데 너무 어릴 때부터 덕질하다 보니까 못 끊겠더라고요, 덕질하는 걸요. 그래서 그때 트위터를 하다가 당 시에 가장 핫한 아이돌인 엑소를 좋아하게 되었어요. 근데 엑소

는 지금까지도 별 큰 문제없이 좋아하는 것 같아요. (누구 가장 좋아하셨어요?) 저는 지금도 그렇고 ○○ 가장 좋아해요.

질문자 : 엑소를 좋아하는 친구들과 함께 공연을 보러 가거나 팬클럽 활동을 하셨던 건가요?

A : 친구들과 콘서트장이나 생일파티, 퇴근길도 같이 갔어요.

질문자 : 팬클럽 활동 하면서 성적이 떨어지지는 않았어요?

A : 저는 제가 해야 할 일은 하면서 팬덤활동을 하고 싶었어요. 중학생 때 아이돌 심하게 좋아하는 애로 다들 저를 뽑을 정도였어요. 저는 진로 정할 때 하고 싶었던 것도 아이돌과 관련된 분야여서 아이돌 좋아하는 게 오히려 자극이 되었어요. (어떤 일 하고 싶으셨어요?) 아트디렉터라는 직업이 있는데, 아이돌 앨범과 뮤직비디오를 디렉팅하는 일을 주로 해요. 제가 하고 싶은 일이 아트디렉터니까 아이돌 좋아해서 덕질을 해도 '이건 시장조사'라고 생각했어요. (지금은 어떤 걸 전공하고 계세요?) 지금은 미술 관련해서 전공하고 있는데 나중에 시각디자인 전공으로 전과나 복수전공을 생각하고 있어요.

질문자 : 아트디렉터가 되시면 꿈을 이루시는 거네요.

A : 덕후는 되었으니까 성공만 하면 될 것 같아요.

질문자 : 부모님이 엑소 좋아하는 것을 반대하지는 않으셨어요?

A : 5월 6일이 ○○ 생일인데 그즈음이 저희 부모님 결혼기념일이세요. 그때 ○○ 생일이라고 ○○ 보러 콘서트장이나 촬영장에 갔어요. 작년과 올해도 ○○ 보러 갔는데 부모님은 제가 덕질로 스트레스를 풀면 되었다고 이해해 주셨어요.

질문자 : 팬클럽 활동하려면 연회비도 내야 하고 기타 다른 비용도 많이 들잖아요. 그런 비용을 부모님께서 지원해 주기도 하셨어요?

A : 팬클럽 연회비가 매년 3만 원 정도 해요. 연회비는 제 돈으로

충당했어요. 중학생 때는 틴탑 좋아했는데 그때는 팬사인회를 가고 싶으면 어머니가 앨범을 사라고 카드를 주셨어요. 작년에는 엑소 콘서트가 있었는데 양도를 받아야 했거든요. 그래서 어머니께 돈을 빌려주시면 나중에 현금으로 드리겠다고 말씀드렸는데, 어머니가 그냥 비용을 대주셔서 콘서트에 다녀왔어요. 제가 대학에 입학하기 전에 반수하고 재수했는데, 그때는 뭘 해도 스트레스를 많이 받았거든요. 그래서 어머니께서 제가 스트레스를 풀 수 있는 방법이 덕질이면 덕질을 하라고 하셔서 지금까지 계속 이어진 것 같아요.

질문자 : 학생 때 아이돌을 좋아하면 부모님이 공부 안 한다고 반대하실 수도 있을 것 같아요.

A : 제 친구들 중에 그런 경우가 많았어요.

질문자 : 그래서 부모님과 사이가 틀어지는 경우도 있는 것 같더라고요. 팬클럽에서 주로 어떤 활동을 하셨어요?

A : 팬미팅이나 생일파티에 제일 많이 갔어요. 팬클럽에 가입하면 행사에 선예매를 할 수 있는 특권이 주어져서 행사에 다녀올 수 있었어요. 그렇게 오프라인으로 활동하지 않으면 인터넷 커뮤니티에서 또래 팬들 만나서 함께 어딜 가곤 했어요.

질문자 : 다른 팬들과 최근에 한 활동 중 기억나는 것 있으세요?

A : 가장 최근에는 코로나19 때문에 뜻이 맞는 팬들과 같이 기부를 했어요.

질문자 : 팬클럽 활동하면서 오프라인 또는 온라인으로 다른 팬들과 교류했던 경험에 대해 자세히 말씀해 주실 수 있으세요?

A : 얼마 전에 ○○ 생일이어서 팬들과 아티움이라는 곳에 다녀왔어요. 아티움*은 SM이 소속 가수들 앨범과 의상을 전시해 놓는

---

* 서울 강남구 코엑스에 위치하여 약 6년 동안 운영되었으나 2020년 6월 영업을 종료했다.

곳이고 삼성역에 있어요. 그곳에 다른 팬들과 가서 생일파티 하고 왔어요.

질문자 : 팬클럽 활동을 오래 하다 보면 다른 팬들이랑 친할 것 같아요.

A : 네. 저는 다른 아이돌 팬덤과도 친해요.

질문자 : 주로 어떤 아이돌 팬들과 친한가요?

A : NCT나 레드벨벳 팬들과 친해요.

질문자 : A씨와 교류하는 팬들은 연령대가 비슷한가요?

A : 연령대가 비슷한 편이에요. 저는 학생분들보다는 성인분들과 어울리려고 해요.

질문자 : 성인 팬들은 청소년 팬들과 다른 점이 있나요?

A : 청소년 분들은 만나자고 하기에는 어리셔서요. 청소년 팬분들 중에는 고3 수험생도 있고 아니면 그보다 더 어린 미성년자도 있어서 뒤풀이 같은 행사에 같이 가기가 좀 불편하더라고요. 콘서트가 끝나면 당일에 성인들끼리 뒤풀이가 있는데 일행 중에 미성년자가 있으면 그 분에게 신경을 써야 하니까 주로 성인 분들과 어울리려고 해요. 또 미성년자 분들은 주로 용돈을 받아서 생활하셔서 지출을 고민하시기 때문에 그런 점들 때문에 성인 분들과 교류하는 편이에요.

질문자 : 오프라인 팬덤활동 이외에 온라인 팬덤활동도 했나요?

A : 스타채팅이라는 것이 있어요. 엑소 스타채팅에는 공식 팬클럽만 들어갈 수 있는데 얼마 전에 스타채팅에 들어가서 채팅했어요.

질문자 : 스타채팅은 어떤 식으로 진행되나요?

A : 스타채팅은 1대100 형식으로 채팅을 해요. 스타는 계속 얘기하고 화면 아래 채팅창에서 팬들이 채팅하는 거예요. 스타는 채팅창에 올라온 글을 읽고 답해 주거나 스타 본인이 하고 싶은 얘기를 계속 하는 그런 형식이에요.

질문자 : 학생 때는 어떻게 팬덤활동을 하셨나요?

A : 저는 학생 때도 용돈을 받아서 덕질을 한 건 아니었어요. 그래서 덕질을 하는 데 그다지 망설임이 없었어요. 학생답지 않게 스타 관련 행사에 많이 따라갔어요. 음악방송이나 팬미팅, 콘서트, 팬사인회도 갔어요. 제가 다녔던 고등학교는 다른 학교보다 학습 분위기도 자유로운 편이고 또 친구들 중에 용돈을 넉넉히 받는 친구들이 있어서 같이 팬덤활동 하기가 편했어요. 중학생이나 고등학생 때 제가 다닌 학교가 대체로 덕질을 아끼지 않는 분위기였어요. 엑소가 빼빼로 광고를 했던 적이 있었는데 그때 빼빼로를 산 만큼 팬사인회 응모가 가능했어요. 제가 다녔던 학교에 어떤 친구가 빼빼로를 많이 주문해서 학교로 트럭이 온 적이 있었어요. 그 친구가 다른 친구들에게 빼빼로 먹고 싶으면 먹고 박스만 자기에게 달라고 했어요. 그래서 대단하다고 생각했는데 결국 그 친구도 팬사인회에 가지는 못했어요. 학교 다닐 때 제 친구들이 열심히 덕질해서 친구들과 함께 콘서트에도 자주 같이 갈 수 있었어요.

질문자 : 흔하지 않은 경우 같아요. 아이돌을 좋아하는 다른 팬들은 다른 팬들과 자신을 좀 구별하고 싶어서 진하게 화장하거나 화려하게 꾸민다는데 그런 경험이 있나요?

A : 저는 스타에게 기억되고 싶은 게 아니었어요. 팬사인회에 갔을 때도 스타가 저를 기억해 주기를 바란 건 아니었고요. 그런데 저와 같이 갔던 친구들 중에 그렇게 구별 짓고 싶어 했던 사람들이 많았어요. 그래서 화장을 진하게 했는데, 화장만으로는 한계가 있었어요. 스타를 직접 볼 수 있는 기회가 있었던 중학생 때는 동물 잠옷을 입고 갔고, 고등학생 때부터 대학생인 지금까지는 배틀 그라운드 게임 의상을 입고 갔어요. 오버워치 코

스프레를 하기도 했고요. 저는 예쁘게 꾸미거나 어떻게 입어서 기억되고 싶다기보다는 스타를 웃기고 싶었어요.

질문자 : 그 정도로 꾸미면 스타도 팬을 알아볼 것 같아요.

A   : 엑소의 팬사인회는 가 보지 못하고 틴탑 팬사인회만 가봤어요. 엑소 팬사인회에 가고 싶어서 알아봤는데, 엑소 팬사인회에 가려면 앨범을 100만 원어치 넘게 사야 해서 지출이 걱정되었어요. 이런 금액은 부모님 용돈을 떠나서 저도 고민을 해야 하거든요. 100만 원이 적은 금액이 아니니까요. 얼마 전에는 ○○ 팬사인회가 취소되고 영상통화 팬사인회로 바뀌었어요. 영상통화 팬사인회는 마음에 들지 않아서 응모하지 않았어요.

질문자 : 영상통화 팬사인회를 하면 스타의 얼굴을 볼 수 있을 텐데요.

A   : 저는 스타를 직접 만나고 싶었어요. 물론 영상통화를 좋아하는 팬들이 많은 걸 알지만 저는 영상통화를 위해 100만 원을 쓰고 싶지는 않았어요.

질문자 : 영상통화도 같은 금액을 써야 하는 거였나요?

A   : 영상통화 팬사인회도 앨범을 산 만큼 당첨이 되는 거예요. 엑소가 팬이 많아서 앨범을 진짜 많이 사야 하거든요. 곧 있으면 ○○도 컴백하는데 또 영상통화 팬사인회 같아서 고민이에요.

질문자 : 팬덤활동 하면 어떤 점이 좋은 것 같나요?

A   : 저는 아주 어릴 때부터 덕질을 했어요. 그래서 덕질을 하지 않는 사람들이 상상이 잘 되지 않아요. 해리포터 세계관에서 마법사가 아닌 일반인을 머글이라고 부르는데, 팬들은 덕질하는 팬은 덕후, 덕질을 하지 않는 사람들을 머글이라고 불러요. 제 친구 중에도 머글과 저 같은 덕후가 있어요. 저희는 어느 날 ○○이 컴백해서 티저를 하겠다고 하면 일상이 멈추고 그날을 기다리는 두근거림과 활력이 있어요. 저는 그런 에너지가 좋아요. 그

리고 잘 생긴 사람 사진을 저장해 놓는 것도 좋아요.

질문자 : 팬덤활동을 하면 좋지 않은 점도 있을까요?

A　　 : 좋지 않은 점도 너무 많아요. 가장 힘든 점 중 하나는 덕질에 편견을 가지고 바라보는 분들이 있다는 거예요. 저에게 '네가 대학생이고 성인인데 언제까지 아이돌을 좋아할 거냐'는 식으로 말씀을 많이 하시더라고요. 아니면 '너희가 아무리 그래봐야 스타들은 너희들 모른다'라는 식으로도 말씀하시고요. 이게 가장 많이 듣는 말인 것 같아요. 음원 성적 때문에 다른 아이돌이랑 싸우는 것도 감정소모가 크고, 아이돌에게 논란이 되는 일이 터지면 큰 스트레스를 경험하기도 하죠.

질문자 : 어린 친구들한테도 팬덤활동을 추천해 주고 싶나요?

A　　 : 저는 추천하고 싶기는 해요. 덕질은 누구를 덕질하고 싶다가 아니라 일단 치이면 덕질을 시작하는 거예요. 저희들은 결정을 하는 게 아니라 결정을 당한다고 표현을 해요. 어느 순간 스타를 보고 있고 스타가 좋은 거거든요. 그렇기 때문에 제가 추천을 한다고 해서 덕질을 시작할 사람이 있을까 싶기도 해요. 제 고등학교 후배가 고3이라 휴덕을 해야 할 거 같다고 했는데 '네가 오히려 돈이나 시간을 가장 덜 뺏기는 게 덕질일 수 있다. 네가 스스로 공부와 덕질을 조절해야 한다'라고 제가 이야기해 줬어요. 덕질은 본인이 어떻게 하느냐에 따라 드는 시간과 비용이 천차만별이거든요. 그래서 저는 이 친구한테 '네가 수험생이라고 해서 강제로 덕질을 끊으면 그게 더 큰 스트레스로 돌아온다. 네가 할 수 있는 만큼 적절한 수준을 찾을 수 있다면 덕질을 이어가도 괜찮다'라고 이야기해 줬어요.

2. B(여성, 대학생)

질문자 : 팬덤활동 기간은 어떻게 되세요?

B : 초등학교 때부터 고등학교 1학년 때까지는 빅뱅 좋아했고 고등학교 1학년부터는 엑소 좋아하고 있어요.

질문자 : 팬덤활동을 주로 어떻게 하셨어요?

B : 빅뱅은 오프라인 활동으로 주로 콘서트를 보러 갔어요. 그 외 대부분은 집에서 온라인 활동을 했어요.

질문자 : 온라인 팬덤활동은 어떻게 하셨어요?

B : 빅뱅 좋아할 때는 트위터 같은 것이 없었어요. 대신 vip 존이라는 팬사이트가 유행했는데, 팬싸이트에서 사진을 보거나 댓글을 달았어요. 공카에도 댓글을 달았는데 공카는 별로 하지 않았었어요. 빅뱅과 관련된 커뮤니티는 아닌데 여성들이 많이 하는 커뮤니티가 있었어요. 그곳에 빅뱅 팬들이 모여서 의견을 올리는 게시판이 있어서 거기서 활동을 했어요. 스타가 콘서트를 하면 이벤트도 많이 하는데 이벤트에 참여도 했고요. 예전에는 채팅 사이트에서 실시간 채팅도 했어요. 요즘에는 SM에서 만든 어플에서 채팅을 하는 걸로 알고 있어요. 요즘에는 1대1로 하는 채팅도 있다고 하더라고요. 예전에는 UFO 라디오라고 팬들이 거기에 문자를 보내면 스타가 랜덤으로 받는 형식이었어요. 여러 명의 팬들이 문자를 보낼 수 있고 선택된 팬들은 답장을 받았어요. 주로 그런 활동을 했어요.

질문자 : 엑소를 좋아하면서는 어떻게 활동하셨어요?

B : 고등학생 때까지는 온라인 커뮤니티 위주로 활동했어요. 대학생이 되고 나서는 다음 카페 안에 있는 커뮤니티에서 활동했고요. 그런데 커뮤니티 내에서 남자 아이돌 팬들을 그다지 좋게

생각하지 않는 분위기가 있었어요. 엑소나 방탄소년단이 인기가 많아서 팬들이 카페를 장악하는 분위기를 싫어하는 회원들이 있었던 거예요. 그래서 커뮤니티 안에서 팬덤활동을 하기가 눈치 보였어요. 2017년에서 2018년 사이에는 커뮤니티에서 나와서 주로 트위터 위주로 활동했어요. 트위터에서 저와 같은 스타를 좋아하는 팬들과 맞팔을 하고 교류를 했어요.

질문자 : 다른 팬들과는 어떻게 교류를 하셨어요?

B   : 주로 트위터로 다른 팬들과 교류했어요. 사진 올리는 홈마나 아카이브형 계정만 보다가 대학생 되고 나서는 오프라인 활동도 시작하게 되었어요. 사전 녹화도 갔고, 스타가 영화를 찍으면 무대인사에도 갔어요. 대학생이 된 후로는 오프라인 활동을 많이 참여하다 보니 정보를 빨리 얻는 게 중요하다는 것을 알았어요. 그리고 행사 장소에 처음 가면 많이 어색하고 뭐가 뭔지를 잘 모르잖아요. 다른 팬들이 있으면 모르던 것도 알기가 쉽고 덜 어색하니까 오프라인 활동에 참여하면서 트위터 활동을 더 열심히 하게 된 것 같아요.

질문자 : 오랜 기간 팬덤활동을 하면서 학교 성적이 떨어지지는 않으셨어요?

B   : 저는 어렸을 때부터 팬덤활동을 했어요. 팬덤활동이 인생에 좋지 않은 영향을 미쳤다기보다는 다른 사람들이 하는 취미생활 중 하나였다고 생각해요. 오프라인 활동은 돈이나 시간과 같은 비용이 많이 들어서 학생 때는 할 생각을 못했어요. 대학생이 되고 나서 비용을 댈 수 있게 되면서 오프라인 활동을 하게 되었어요.

질문자 : 팬덤활동을 하는 것이 다른 사람과 관계 맺는 데 어떤 도움이 된 것 같나요?

B : 팬덤활동을 하면서 친구를 사귈 수 있어요. 중고등학교 때부터 알던 친구들과는 연예인 얘기를 많이 하면서 친해질 수 있었어요. 그런데 대학이나 사회에서 알게 된 사람들과는 연예인 얘기를 많이 하지 않는 것 같아요. 그 사람들이 연예인 얘기를 안 좋아하기도 하고, 연예인을 안 좋아하는 사람과는 연예인 얘기를 해도 공감이 되지 않아서요. 성인이 되고 나서는 연예인 얘기를 많이 안하고 일코를 하는 거 같아요.

질문자 : 학교 다닐 때 친구들과 팬덤활동을 같이 했었어요?

B : 중고등학교 때 아이돌 좋아하는 친구들끼리 친했어요. 제 친구들 대부분이 아이돌을 좋아했어요. 초등학생 때나 중학생 때 같이 빅뱅 좋아했던 친구들과는 여전히 친하게 지내요. 저는 아이돌 이슈를 좋아하는 친구와 친하게 지내게 되는 거 같아요. 관심사가 비슷해서 예전부터 친했던 친구들을 만나면 재밌고 오래 만나게 되는 것 같아요.

질문자 : 부모님은 팬덤활동에 대해서 어떻게 생각하셨어요?

B : 부모님은 제가 팬덤활동 하는 걸 좋아하지 않으셨어요. 초등학생이나 중학생 때는 연예인 좋아하나 보다 이런 식이었어요. 그때는 저도 스타에게 몰입하는 게 아니라 단순히 '알고 있는' 정도였어요. 고등학생 때는 부모님이 제가 팬덤활동 하는지 잘 모르셨을 거예요. 고등학생 때 기숙사에서 지내서 팬덤활동을 잘 하지는 못했어요. 굿즈 같은 것도 잘 사지 못했고요. 대학생이 된 후로 부모님이 제가 팬덤활동 하는 걸 시간낭비라고 싫어하셨어요. 제가 굿즈 모으는 걸 좋아하는데 굿즈가 배달 오면 그런 거에 돈이나 시간을 많이 쓴다고 생각하셨어요.

질문자 : 어떻게 하다가 아이돌을 좋아하게 되셨어요?

B : 처음에 빅뱅에 관심이 생겨서 빅뱅의 역사를 검색해 보았어요.

빅뱅 무대가 좋고 노래가 멋있어서 아이돌 빅뱅을 좋아했어요. 그런데 저는 빅뱅이 아이돌이 아니라 아티스트라고 생각했어요. 전형적인 아이돌이라고는 생각하지 않았던 거죠. 그러다 고등학교 1학년 때 <으르렁>이 나왔어요. 제가 그 당시 활동하고 있었던 커뮤니티에 엑소에 관한 글이 올라왔고 관심이 생겨서 찾아보기 시작했어요. 엑소 멤버들이 잘생기기도 했고 제가 대중적이고 유행하는 걸 좋아하는 성격이라 그 당시 흐름에 맞기도 했어요. 빅뱅을 좋아할 때는 저희 반 80~90% 정도가 빅뱅을 좋아했거든요. 저는 대세를 좋아하는 것 같아요.

질문자 : 혹시 지금 전공과 앞으로 하고 싶은 일이 팬덤활동과 연관이 있을까요?

B   : 완전 관련이 없을 거 같지는 않은데 지금 전공은 광고 관련 학과이고 콘텐츠 기획자 쪽으로 진로를 고민하고 있어요.

질문자 : 팬덤활동을 하면 어떤 점이 좋다고 생각하세요?

B   : 애정을 쏟을 수 있는 대상이 생겨서 활력이 생긴다고 할까요? 저는 팬이 스타를 좋아하는 감정은 조건 없는 사랑과 같다고 생각해요. 그런 것에서 긍정적인 기운을 느껴요. 누군가를 진심으로 좋아하면서 긍정적인 기운을 받을 수 있어요. 그리고 스타가 보답을 해 주는 것을 보면 저는 기쁘고 거기에서 오는 긍정적인 느낌도 있어요. 저는 스타를 좋아하는 게 열정적인 행위 같아요. 제가 어떤 것에 가장 열정적이었을까를 생각해 본다면 많은 다른 취미들도 있지만 팬덤활동이 가장 열정적이었어요. 저는 ○○를 제일 좋아하는데 ○○이 열심히 사는 모습을 보면서 긍정적인 영향을 받았어요. ○○을 보면서 저도 열심히 살고 싶다는 생각이 들었고 그에 대한 애정과 존경하는 마음이 생겼어요. 그리고 학생 때 팬덤활동 하면서 친구를 많이 사귀었어

요. 친구들이 '얘 엑소 ○○ 좋아하는데' 하면서 다른 친구를 소개시켜 주기도 했어요. 청소년기에 공통 관심사가 거의 연예인이었으니까요. 친구들과 대화에도 항상 아이돌이 있었어요. 그래서 학생 때 팬덤활동을 했던 게 도움이 되었던 거 같아요.

질문자 : 팬덤활동을 하면 좋지 않은 점도 있을까요?

B   : 팬덤활동을 하면 비용이 많이 들어요. 개인 씀씀이에 따라 다르겠지만 팬덤활동을 하면 돈이 많이 들어요. 팬덤활동에 돈을 쓰지 않았으면 다른 데 썼을 수도 있었어요. 스타의 공연에 가려면 한 번에 10만 원 정도는 써야 했어요. 굿즈를 사는 비용도 많이 들었어요. 또 시간도 많이 쓰게 되는 것 같고요. 제 생각에 팬덤활동을 하면서 좋지 않은 점은 돈과 시간을 많이 쓴다는 점이에요. 팬덤활동에 비용을 쓰지 않으면 다른 활동에 쓸 수 있을 텐데 하는 아쉬움이 들기도 해요. 예를 들어 제가 취미로 수영을 하면 하루 1시간으로 끝나는 건데 팬덤활동은 24시간 붙어 있는 거잖아요. SNS로 계속 볼 수 있고, 저도 글을 올릴 수 있고요. 팬덤활동은 그런 식으로 하루 종일 하고 있어서 일상생활에 방해가 될 수도 있어요. 지금 고등학생들은 부모님에게 용돈을 받고 알바까지 하면서 오프라인 활동을 하려고 하는 것 같아요. 그렇게 과몰입하면 좋지 않고 적절하게 조절하면서 하면 좋은 것 같아요.

3. C(여성, 대학생)

질문자 : 팬덤활동 기간이 어떻게 되세요?

C   : 2008년부터니까 12년째 샤이니를 좋아하고 있습니다.

질문자 : 다른 분들은 팬덤활동 하다가 중간에 다른 아이돌 좋아하던데

오랫동안 좋아하셨네요. 팬덤활동은 어떻게 하셨어요?

C   : 샤이니 팬클럽에 가입해서 활동하고 있고, 대학생이 된 이후로 채팅은 잘 하지 않고 있어요. 제가 부산에 살고 있어서 부산에서 콘서트가 있으면 가요. 집이 보수적인 편이라 서울에 콘서트가 있으면 못 가고요.

질문자 : 샤이니에서 어떤 멤버 좋아하세요?

C   : 저는 어떤 멤버라고 정해져 있지 않고 샤이니 멤버 다 좋아해요.

질문자 : 팬덤활동 처음 시작하셨을 때가 몇 학년이셨어요?

C   : 초등학생이었어요.

질문자 : 팬클럽 활동은 어떻게 하셨어요?

C   : 생일파티 같은 것이 있으면 가고 싶긴 한데 잘 뽑히지 않아서 가지는 못했어요.

질문자 : 학교 다니실 때 친구 분들은 어떤 아이돌을 좋아하셨나요?

C   : 제 친구들은 빅뱅 좋아했고요. 저만 샤이니를 좋아했어요.

질문자 : 친구들과 공연을 보러 가기 어려웠겠어요.

C   : 중학생 때 제가 샤이니 공연을 간 건 아니고, 샤이니가 부산에 공연을 하러 와서 한 번 보러간 적은 있어요.

질문자 : 아이돌을 좋아하는 것이 학교생활에 방해가 된 적도 있나요?

C   : 아이돌을 좋아해서 학교 성적이 떨어질까 봐 부모님께서 팬덤활동을 많이 반대하셨어요. 그래서 성적이 떨어지면 안되니까 원래대로 유지하려고 노력했어요.

질문자 : 부모님이 팬덤활동을 반대하셨다면, 팬덤활동 비용은 어떻게 충당하셨어요?

C   : 용돈 받았던 거 모아서 앨범 사고 팬 활동을 했어요.

질문자 : 부모님이 팬 활동을 반대하셔서 부모님과 사이가 좋지 않았을 수도 있을 것 같아요.

C   : 몇 번 싸우기도 했어요.

질문자 : 팬클럽 활동은 언제부터 하셨어요?

C   : 샤이니가 되게 오래된 그룹인데 아직까지 팬클럽이 2기까지 밖에 없어요. 2기도 모집한 지가 얼마 안 되었어요. 한 1년? 옛날에 초창기에 모집하고 그 뒤로 모집을 안했거든요. 팬들이 '왜 모집을 하지 않느냐'고 해서 한 1~2년 정도 전에 2기가 생겼고 저는 2기예요.

질문자 : 팬클럽 활동을 하면서 다른 팬들과 교류는 어떻게 하나요?

C   : 옛날에 팬들끼리 교류하는 홈페이지가 있었는데, 한 2년 전에 홈페이지 운영비가 모자라서 없어졌어요. 지금은 SM에서 만든 리슨이라는 어플이 있는데, 그 어플에 샤이니 좋아하는 팬들이 모여서 글 올리고, 가끔 멤버들이 글 올리면 같이 보고 그런 정도로 팬 활동을 하고 있어요.

질문자 : 지금은 팬 활동을 활발히 하진 못하는 것 같아요.

C   : 네. 그래서 팬들은 소속사에 불만이 많아요. 아무래도 가수 연차가 되다 보면 소속사에서 좀 찬밥 신세가 되기도 하니까요. 이번 2기 팬들에게 준 가입 선물 중 샤이니 사진에 4명이 있는 사진으로 다 해서 보냈더라고요. 원래는 샤이니가 5명이고 팬들은 아직까지 5명이라고 생각하고 있거든요. 그런데 회사에서는 4명만 있는 사진을 찍어서 보낸 거예요. 그런 점에서 소속사에 불만이 좀 있어요.

질문자 : 어떻게 하다가 샤이니를 좋아하게 되셨어요?

C   : 아는 언니 집에 놀러갔는데, 언니가 그날 인기가요를 틀어 놓았더라고요. 제가 원래 가수에 관심이 없어서 보지 않았는데, 그날 노래 반주가 나오는데 노래가 좋더라고요. 그래서 무대를 봤는데 노래하고 춤추는 모습이 좋아서 그때부터 좋아하게 되

었어요.

질문자 : 요즘에 솔로로 활동하는 멤버도 있지 않나요?

C : 다들 군대 가서 ○○만 솔로로 활동하고 있어요. ○○도 보면서 응원하고 있어요. 그런데 저도 학교도 다녀야 하고 일도 해야 해서 중고등학교 시절에 쫓아다니면서 하는 것처럼 하지는 못하고 있어요. 지금은 앨범을 사서 노래를 듣고, 굿즈 나오면 사고, 무대를 챙겨 보는 정도만 하고 있어요. 그런데 앨범을 한 박스씩 사는 건 아니에요.

질문자 : 초등학생 시절부터 샤이니를 좋아했던 것이 학교생활 하는 데 어떤 점이 도움되었다고 생각하세요?

C : 샤이니가 음악의 다양한 분야에 도전을 많이 하는데, 제가 의도하지 않았지만 다양한 분야의 음악을 알 수 있어서 좋았어요.

질문자 : 샤이니와 관련된 중고등학교 시절 경험이 있으신가요?

C : 중학생 때는 샤이니 좋아하는 친구들 몇 명과 마음이 맞아 친하게 지낼 수 있어서 좋았어요. 그때는 점심시간에 학교에서 노래를 틀어 줬는데 친구들이랑 스피커 아래에서 춤추고 노래하고 그랬어요. 샤이니 앨범 나오면 앨범도 사러 가고, 잘 나온 공연 사진 있으면 친구들과 같이 보고 그랬어요. 옛날에 샤이니가 광고했던 과자나 신발, 핸드폰 같은 거 산 사람이 있으면 다 같이 구경하고 그랬어요. 과자는 자주 사먹었고, 친구들과 과자 광고를 따라 하기도 했고요. 친구들도 샤이니를 여전히 좋아하고 있어요. 고등학교 때도 샤이니를 좋아했는데, 학교 공부량이 많아서 중학교 때만큼 좋아하지 못했어요. 그리고 대학교에 입학한 후에도 샤이니를 계속 좋아하고 있어요. 옛날에 비밀번호도 샤이니와 관련된 번호로 했고요. 그만큼 샤이니를 많이 좋아해요.

질문자 : 샤이니를 많이 좋아하시는데 팬클럽이 활성화되지 않아서 아쉽지 않으세요? 팬클럽이 활성화되면 팬들끼리 교류도 많이 하고 서로 지금보다 끈끈했을 텐데 말이에요.

C : 중학생 때 블로그가 유행했는데 그때는 블로그 통해서 다른 팬들이랑 교류를 많이 했어요. 이웃도 맺고 쪽지도 주고받았고요. 샤이니 노래 부른 파일 있으면 서로 공유하고 그랬어요. 지금은 인스타그램을 하지만 해외 팬이 많아서 언어가 통하지 않아 다른 팬들과 활발하게 교류하지는 못하고 있어요.

질문자 : 팬덤활동이 지금은 어떤 점에서 도움이 된다고 생각하세요?

C : 저는 샤이니를 좋아하는 것을 주변에 표현해서, 저와 친분이 있는 대부분의 사람들이 제가 샤이니를 좋아한다는 사실을 알고 있어요. 저에게 샤이니는 가수를 뛰어넘어 소꿉친구, 가족 같은 느낌이 있어요. 샤이니를 생각하면 든든하고 마음에 위안이 돼요. 샤이니를 보면 좋은 친구에게 위로받는 느낌이 들어요.

질문자 : 어린 친구들에게 팬덤활동을 추천하고 싶은 마음이 있으세요?

C : 저는 팬덤활동이 일상생활에 무리를 준다고 생각하지 않아요. 그 나이에 느낄 수 있는 자연스러운 감정이라고 생각해요. 제 주변에 방탄소년단이나 워너원 같은 아이돌을 좋아하는 어린 친구들이 있어요. 저는 그 친구들한테 아이돌에게 에너지를 받아서 다른 것도 열심히 하라고 이야기해 주고 있어요.

질문자 : 혹시 더 하고 싶으신 말씀 있으세요?

C : 내가 좋아하는 아이돌을 응원하기만 해도 아까운 시간이니까 어린 친구들이 경쟁 아이돌을 비난하지 않았으면 좋겠어요. 그리고 제가 샤이니를 좋아한다고 하면 안쓰럽게 보는 시선들이 있는데 그런 시선보다는 그냥 다른 스타의 팬들과 똑같이 봐주셨으면 좋겠어요.

- 갠팬: 아이돌 그룹 멤버 중 특정 멤버만을 좋아하는 팬, 그러나 다른 멤버나 가수를 비방하지 않는 팬
- 고나리: 관리한다는 뜻. 스타에게 지나치게 간섭하는 것을 의미
- 공구: 공동 구매
- 공방: 공개방송, 음악방송 녹화장에 직접 찾아가는 것
- 공출목: 공항, 출퇴근길, 목격담
- 공출목디과졸: 공항, 출퇴근길, 목격담, 디스패치, 과거사진, 졸업사진
- 공카: 공식카페
- 공트: 공식 트위터
- 굿즈: 스타 관련 상품
- 늦덕: 뒤늦게 스타를 좋아하게 되는 것
- 단콘: 단독 콘서트
- 대리찍사: 행사에서 연예인 사진을 대신 찍고 파는 사람
- 댓관: 댓글관리, 스타 관련 기사에 팬들이 댓글을 달아주는 것
- 덕계못: 덕후는 계를 못 탄다는 뜻. 덕질에 들이는 시간과 비용에 비해 실제로 아이돌을 만나는 일이 일어나기 어렵다는 뜻
- 덕밍아웃: 덕후와 커밍아웃의 합성어. 자신이 덕후임을 밝힌다는 뜻
- 덕업일치: 열광적으로 좋아하는 분야가 취미를 넘어 직업이 된 경우
- 덕질: 자신이 열성적으로 좋아하는 특정 분야에 심취하여 몰입하는 모든 행위

- 덕통사고: 내 의도와 상관없이 교통사고를 당하는 것처럼 우연한 계기로 어느 날 갑자기 덕질을 시작하게 되었다는 뜻
- 덕후: 덕질을 하는 사람
- 리즈: 연예인이 활동기간 중 가장 예쁜 시기
- 머글: 덕후가 아닌 일반 사람들
- 뮤밍: 뮤직비디오 스트리밍
- 본진: 자신이 가장 좋아하는 연예인
- 브마: 브로마이드
- 비공굿: 비공식 굿즈나 자체 제작 굿즈
- 비글: 성격이 밝은 연예인
- 사녹: 사전녹화
- 사생: 스타의 사생활을 따라다니는 극성팬
- 생방: 생방송
- 성덕: 성공한 덕후, 아이돌을 좋아하다 자신이 아이돌이 되는 등 자신이 좋아하는 분야에 덕질을 하다가 해당 분야에서 유명인이 된 경우
- 순덕: 스타에게 어떤 사건이 벌어지는지와 무관하게 무조건 스타의 편이 되어주는 팬
- 스밍: 스트리밍의 줄임말. 자신이 좋아하는 아이돌의 노래를 스트리밍 순위 상위권에 올리기 위하여 반복재생해서 듣는 행위
- 악개: 악질 개인팬, 아이돌 그룹 내의 특정 멤버만 좋아해서 다른 멤버나 가수를 폄하하는 팬
- 알페스: 연예인을 가상세계에서 동성커플로 엮는 것
- 역조공: 연예인이 팬들에게 주는 조공
- 연검정화: 연관검색어 정화, 자신이 좋아하는 스타와 관련된 부정적인 연관검색어를 없애기 위해 좋은 연관검색어를 만드는 것
- 예판: 예약 판매
- 올팬: 아이돌 멤버를 모두 좋아하고 관심을 가지는 팬

- 일코: 일반인 코스프레, 주위의 시선이 두려워 자신이 덕후임을 숨긴다는 뜻
- 입덕: 덕질에 입문하다
- 잡덕: 여러 연예인을 동시에 좋아하는 팬
- 조공: 자신이 좋아하는 스타에게 선물을 하는 행위나 선물 자체를 의미
- 철새: 좋아하는 연예인이 자주 바뀌는 팬
- 초덕: 입덕 초보자
- 총공: 총공격, 자신이 좋아하는 스타의 인기를 높이기 위해 팬덤의 지원을 집중하는 행위
- 최애: 자신이 제일 좋아하는 연예인
- 탈덕: 덕질에서 벗어나다
- 팬사: 팬사인회
- 팬사컷: 팬사인회 커트라인, 팬사인회에 당첨되기 위해 구입해야 하는 음반 CD의 수량
- 팬아저: 팬이 아닌데도 저장하게 된다는 뜻
- 하라메: 하이라이트 메들리, 기획사에서 스타의 앨범이 공개되기 전에 곡의 하이라이트들을 엮어서 들려주는 영상
- 해투: 해외투어
- 현타: 현실자각타임, 상상에 빠져 있다가 현재 자신의 상황을 깨달았을 때
- 현판: 현장 판매
- 혐생: 혐오스러운 인생, 현재 인생을 속되게 이르는 말로 현실의 일이나 공부로 덕질이 방해받을 때 사용하는 말
- 홈마: 홈페이지 마스터, 고가의 카메라로 자신이 좋아하는 스타의 사진이나 동영상을 촬영한 후 자신의 홈페이지에 올려 덕질에 도움을 주는 사람
- 휴덕: 덕질을 잠시 쉰다는 의미